# Denkzettel

## für Ihre

# Führungsqualität

Der Autor

## Dr. phil. Dipl.-Ing. Helmut Huber

seit 1991    Leiter des Trainingsinstituts
             **helmut huber management-entwicklung**
             mit den Schwerpunkten

- Persönlichkeitscoaching
- Gesundheitscoaching
- Businesscoaching.

18 Jahre Beirats- / Aufsichtsratsvorsitzender
bei einem namhaften Projektentwickler

1979 - 1991    Beratung und Training in den Themenfeldern:
               - Kommunikation
               - Mitarbeiterführung
               - Personalbeurteilung und Auswahl
               - Entwicklung von Unternehmensstrategien
               - Coaching von Führungskräften

1962 - 1979    Studium der Geodäsie und Städtebau (Dipl.-Ing.)
               Wirtschafts-Ing. (Aufbaustudium ohne Abschluss)
               Philosophie / Psychologie (Dr.-phil.)
               Tätigkeiten in wissenschaftlichen Einrichtungen

Dr. Helmut Huber

# Denkzettel
## für Ihre
# Führungsqualität

Bibliografische Information
der Deutschen Nationalbibliothek:

Die Deutsche Nationalbibliothek verzeichnet diese
Publikation in der Deutschen Nationalbibliografie;
detaillierte bibliografische Daten sind im Internet über
http://dnb.dnb.de abrufbar.

© 2020    Dr. phil. Dipl.-Ing. Helmut Huber
          Johannisstraße 13
          82418 Murnau
Tel:      08841-6277300
e-mail:   helmut@huber-management.de
Cartoons: Erik Liebermann


Herstellung und Verlag:
          BoD – Books on Demand, Norderstedt


ISBN:     9783751999809

# Inhaltsverzeichnis

# Vorwort

Während meiner Tätigkeit als Trainer, Berater und Coach habe ich mich mit vielen Fragen meiner Kunden zu Themen aus den Bereichen Persönlichkeitsentwicklung, Lebensqualität und Gesundheit auseinandergesetzt.

Dieses Know-how habe ich in Aufsätzen festgehalten.

Diese Aufsätze sind keine wissenschaftlichen Abhandlungen, sondern praktische Lebenshilfen unter dem Aspekt „aus der Praxis für die Praxis".

Deshalb habe ich auch bewusst auf Quellenangaben verzichtet.

Jeder Aufsatz stellt ein Thema abschließend dar, d.h. jeder Beitrag ist für sich alleine verständlich, ohne dass Sie andere gelesen haben müssen. Sie müssen also nicht das ganze Buch lesen, sondern können ein Thema aussuchen, das Sie gerade interessiert.

Die Seite mit dem Denkzettel ist für Ihre Pinnwand gedacht.

# Alterozentrierung

## Den Standpunkt Ihrer Partner zu verstehen, macht Sie erfolgreich

Wenn Sie bei Ihrer Kundenorientierung, oder einem Changemanagement, oder der Mitarbeitermotivation oder bei Verhandlungen erfolgreich sein wollen, ist es wichtig, die Strategien und Fähigkeiten des alterozentrierten Denkens und Handelns anzuwenden.

### Egozentrik

Egozentriker gehen davon aus, dass ihre Wirklichkeit der Realität entspricht ist und dass Ihre Wirklichkeit auch die Wirklichkeit der anderen ist. Das bedeutet, dass Egozentrikern nicht bewusst ist, dass andere Menschen eine andere Wirklichkeit haben können. (Wirklichkeit ist die je subjektive Interpretation der Realität. Sie wird durch unsere Wahrnehmung geschaffen.)

**Es gibt meine Wirklichkeit, Deine Wirklichkeit und die Realität**

Beispiel: Viele Führungskräfte halten sich selbst für fair, glaubwürdig oder authentisch - während sie von anderen ganz anders wahrgenommen werden.

Egozentriker neigen dazu, gemeinsame Erfolge als von ihnen allein verursacht zu erleben und die Misserfolge den Umständen oder anderen zuzuschreiben. (Sie lügen nicht, wenn sie das so berichten – sie nehmen es so wahr.) Damit stoßen sie natürlich viele Gesprächspartnern vor den Kopf.

**Egozentrik: Ich bin ok, das Problem ist der andere.**

### Alterozentrierung

Alterozentrierte Menschen erkennen, dass Ihre Partner andere Meinungen, Einstellungen oder Wertsysteme haben und orientieren Ihr Denken und Handeln an der Wirklichkeit Ihrer Partner.

4

Zu unterscheiden sind die ethische und die strategische Komponente des Handelns:

## Ethische Komponenten des Handelns:

Egoismus:  Handeln zum **eigenen** Vorteil

Altruismus: Handeln zum **fremden** Vorteil

Die ethische Komponente des Handelns bestimmt, für wen Sie etwas unternehmen oder unterlassen.

Zu verantworten ist in der Regel die ethische Komponente

## Strategische Komponenten des Handelns:

Egozentrik: Zur Beeinflussung anderer das **eigene** Wertsystem verwenden

Alterozentrierung:   Zur Beeinflussung anderer deren Wertsystem verwenden

Die strategische Komponente des Handelns bestimmt die Vorgehensweise.

Erfolg wird von der strategischen Komponente des Handelns bestimmt.

# Alterozentrierung und Erfolg

## Egozentrische Altruisten

Altruisten, die Gutes tun wollen, dabei aber die Bedürfnisse, Ansprüche und Interessen der Betroffenen nicht berücksichtigen (können), sind aus Sicht der Betroffenen nicht erfolgreich und vergeuden ihre Energie auf die falschen Aktivitäten. („Das Gegenteil von gut ist gut gemeint").

## Egozentrische Egoisten

Egoisten, die andere in ihre Strategien nicht integrieren können und wollen und allein ihre Ziele verfolgen, brauchen sehr viel Kraft und Aufwand, um Erfolg zu haben.

## Alterozentrierte Altruisten

Altruisten, die die je eigenen Bedürfnisse und Bedarfe anderer erkennen und bereit sind, diese -soweit möglich- zu

befriedigen, können in allen Schichten und Kulturen unter-
wegs sein und erfolgreich Gutes tun.

## Alterozentrierte Egoisten

Egoisten, die alterozentriert denken und handeln, d.h. andere für ihre Ideen begeistern, können und von anderen Unterstützung bekommen, sind mit minimalem Aufwand erfolgreich, ohne andere vor den Kopf zu stoßen. Es ist sinnvoll
und notwendig, egoistisch zu sein, jedoch nie auf Kosten
anderer, sondern mit der Unterstützung durch andere.

## Alterozentrierung und Argumentation

Wenn Sie alterozentriert argumentieren, stellen Sie immer
Ihren Gesprächspartner gedanklich in den Mittelpunkt. Sie
wählen die Argumente so aus, dass sie die Bedürfnisse, Interessen und Ansprüche Ihres Gesprächspartners ansprechen.

Es gibt keine sachlichen Argumente, es gibt nur Argumente,
die Ihren Gesprächspartner betroffen machen bzw. die er
freiwillig annimmt.

Sie können nie über eine Sache sprechen, sondern nur zu
Gesprächspartnern.

Nur die Gesprächspartner entscheiden, ob Ihr Argument gut
ist.

## Missverständnisse in Gesprächen

### Egozentrisches Sprechen:

Der Sender geht davon aus,
dass er sich verständlich ausgedrückt hat.

### Egozentrisches Zuhören:

Der Empfänger geht davon aus,
dass er richtig verstanden hat.

### Sokratische Differenz

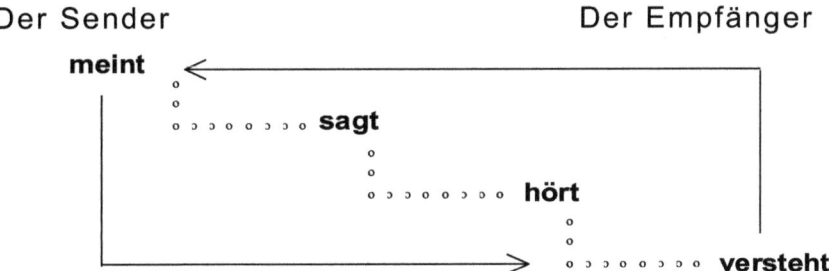

Auf jeder dieser Kommunikationsstufen geht Information verloren.

### Alterozentriertes Sprechen:

Der Sender formuliert so, dass der Empfänger das versteht,
was der Sender gemeint hat.

### Alterozentriertes Zuhören:

Der Empfänger reagiert erst, wenn er kontrolliert hat, ob er
das verstanden hat, was der Sender gemeint hat.

Sie dürfen nie auf das reagieren, was der Partner gesagt
hat bzw. was Sie gehört oder verstanden haben, sondern
nur, auf das, was er gemeint hat

### Alterozentrierung Sprechen: Belspiele

Sie können alle egozentrischen Aussagen in alterozentrierte
umformulieren und erreichen damit wesentlich mehr Akzeptanz beim Zuhörer:

| Egozentrische Aussagen | Alterozentrierte Aussagen |
| --- | --- |
| Ich habe Ihnen bereits ge-schrieben ... | Sie haben ..... erhalten |
| Ich empfehle Ihnen ... | Der Vorteil für Sie ist ... |
| Ich kann Ihnen nachweisen ... | Sie werden erkennen |
| Wir senden Ihnen ... | Sie bekommen ... |
| Ich würde an Ihrer Stelle ... | Für Sie wäre wichtig ... |
| Darf ich Ihnen zeigen ... | Sie interessiert sicher... |
| Ich erkläre Ihnen gern ... | Wollen Sie wissen ...? |
| Ich garantiere Ihnen ... | Sie bekommen die Sicher-heit ... |
| Aus meiner Erfahrung kann ich Ihnen sagen ... | Sie werden erleben ... |
| Wir beraten Sie gerne | Sie werden in der Lage sein, selbst zu entscheiden |

Die unterschiedliche Wirkung auf den Gesprächspartner ist deutlich.

# Alterozentriertes Zuhören

Beim alterozentrierten Zuhören ist der Meinungstransfer, der Interessensausgleich bzw. die Verhandlung das Ziel. Mit dem alterozentrierten Zuhören erreichen Sie, dass Ihr Anschlussbeitrag genau auf die von Ihrem Gesprächspartner geäußerte Meinung trifft und damit ein Dialog möglich wird, der zu einem echten Win-Win-Ergebnis führt:

Geeignete Techniken dafür sind:

| | |
|---|---|
| Verbalisieren: | Wiederholen der Aussage des Gesprächspartners mit anderen Worten als „Sie-" bzw. „Du"-Aussage |
| Interpretieren: | Wiederholen der Aussage des Gesprächspartners mit anderen Worten und mit solidarischer Interpretation als „Sie-" bzw. „Du"-Aussage |
| Spiegeln: | Wiederholen der erkannten Botschaftsebene, auf der der Gesprächspartner gesendet hat |
| Statement: | Wiederholen der Aussage des Gesprächspartners als Sachverhalt, d.h. ohne „Ich", „wir", „Sie", „man" und nicht im Konditional |

*Das Geheimnis des Erfolgs ist es,*
*den Standpunkt des anderen zu verstehen*

Henry Ford

© Cartoon
Erik Liebermann

**Der Köder muss dem Fisch schmecken
und nicht dem Angler!**

**Denkzettel: Alterozentrierung**

- Fragen erschließen Ihre Argumente

- Argumentieren dürfen Sie erst, wenn Sie die Interessen des Partners erkannt haben

- Einwände zeigen die Einsatzpunkte für Ihre Argumente

- An Ihren Ausreden erkennen Sie den Menschen

- Gewinnen Sie, ohne zu besiegen

- Sie sprechen nie über ein Thema, immer nur mit Menschen

- Sprechen Sie nie zu den Menschen, sondern mit den Menschen

- Alterozentrierung ist wie das Beherrschen einer Fremdsprache

10

# Arbeitsfreude

**Sorgen Sie dafür, dass Ihre Mitarbeiter gute Ergebnisse bringen und gesund bleiben**

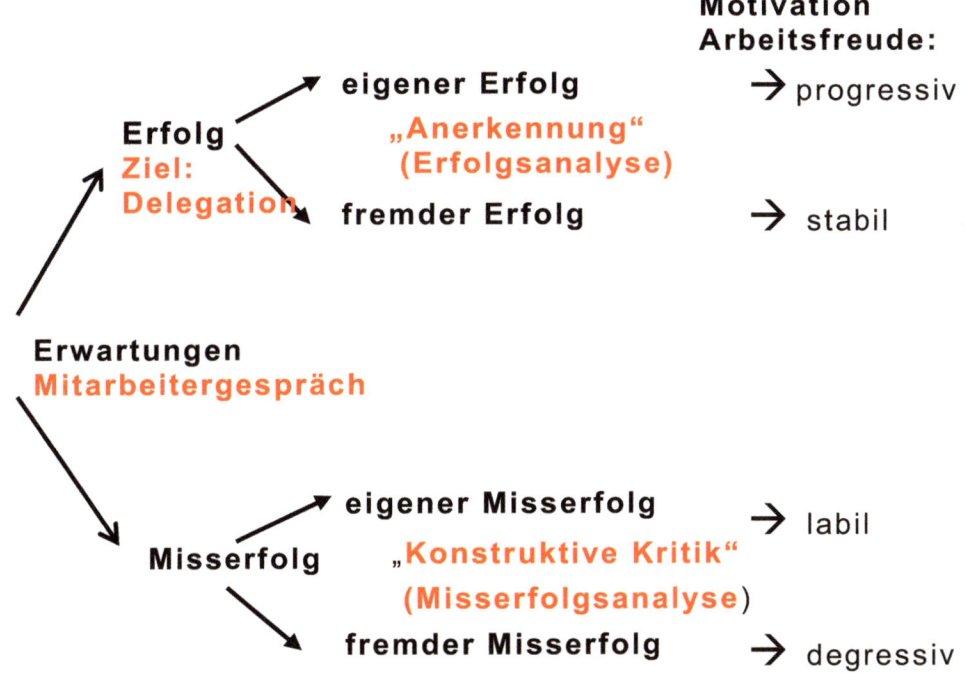

Jeder Mitarbeiter hat Erwartungen. Wenn diese erfüllt werden, erlebt er das als Erfolg. Wenn er subjektiv der Meinung ist, dass er selbst Wesentliches zu dem Erfolg beigetragen hat, wird seine Arbeitsfreude progressiv sein, d.h. ständig zunehmen, solange er selbst etwas zu seinem Erfolg beitragen kann.

Wenn er subjektiv den Eindruck hat, dass er selbst nicht zu dem Erfolg beitragen kann, dass es die Rahmenbedingungen, der Markt, die Firma, das tolle Produkt sind die den Erfolg bewirken, wird seine Arbeitsfreude auf hohem Niveau stabil bleiben.

Werden Erwartungen des Mitarbeiters nicht erfüllt, erlebt er das als Misserfolg. Wenn er der Meinung ist, dass er selbst den Misserfolg verursacht hat, wird seine Arbeitsfreude labil sein, je nachdem, ob er eine Chance sieht, sein Verhalten zu ändern oder Fähigkeiten zu lernen, die zum Erfolg führen oder nicht.

Wenn der Mitarbeiter der Meinung ist, der Misserfolg ist nicht durch ihn verursacht sondern durch Umstände, die er nicht beeinflussen kann, z.B. das schlechte IT-Programm , die andere Abteilung, die nicht liefert, der zusammengebrochene Markt usw., dann wird seine Arbeitsfreude degressiv sein und immer weiter abnehmen, je länger der Zustand dauert.

Vorsicht: Der größte Teil der Gründe, warum andere oder die Umstände am eigenen Misserfolg schuld sind, sind Rationalisierungen bzw. unbewusste Ausreden; d.h. sie stellen einen Missbrauch der Intelligenz dar, die dem Selbstschutz dient. Diese Mitarbeiter lügen nicht, sie nehmen die Situation so wahr.

**Erwartungen:**

Die Erwartungen des Mitarbeiters können Sie nur in einem qualifizierten Gespräch mit dem Mitarbeiter erfahren. Sie verwenden dafür am besten projektive und/oder indirekte Fragen, um auch die Erwartungen zu erfahren, die dem Mitarbeiter selbst gar nicht bewusst sind. Wenn seine Erwartung zu hoch ist, ist es wichtig, dass Sie sie auf eine realistische Ebene bringen. Enttäuschte Erwartungen erlebt der Mensch als Misserfolg.

Wenn die Erwartungen des Mitarbeiters zu niedrig sind, müssen Sie deren Niveau anheben, um ein sinnvolles Engagement zu erreichen. Erst wenn der Mitarbeiter realistische Erwartungen hat, ist es möglich, bei ihm nachhaltige Arbeitsfreude zu erreichen.

## Erfolg

Menschen erleben sich als erfolgreich, wenn sie ein Ziel – am besten ein eigenes – erreichen. Wenn Sie mit Ihrem Mitarbeiter realistische, erreichbare Ziele vereinbaren, bzw. ihm entsprechende Aufgabenbereiche delegieren, steuern Sie seinen Erfolg.

Wenn es Ihnen darüber hinaus gelingt, die Schnittmenge zwischen den Unternehmenszielen und den Zielen Ihres Mitarbeiters möglichst groß zu gestalten, wird der Mitarbeiter sich selbst als erfolgreich erleben, und seine Arbeitsfreude wird immer größer werden.

Diese Schnittmenge können Sie durch alterozentriertes Zuhören und durch Ihre Überzeugungskraft generieren.

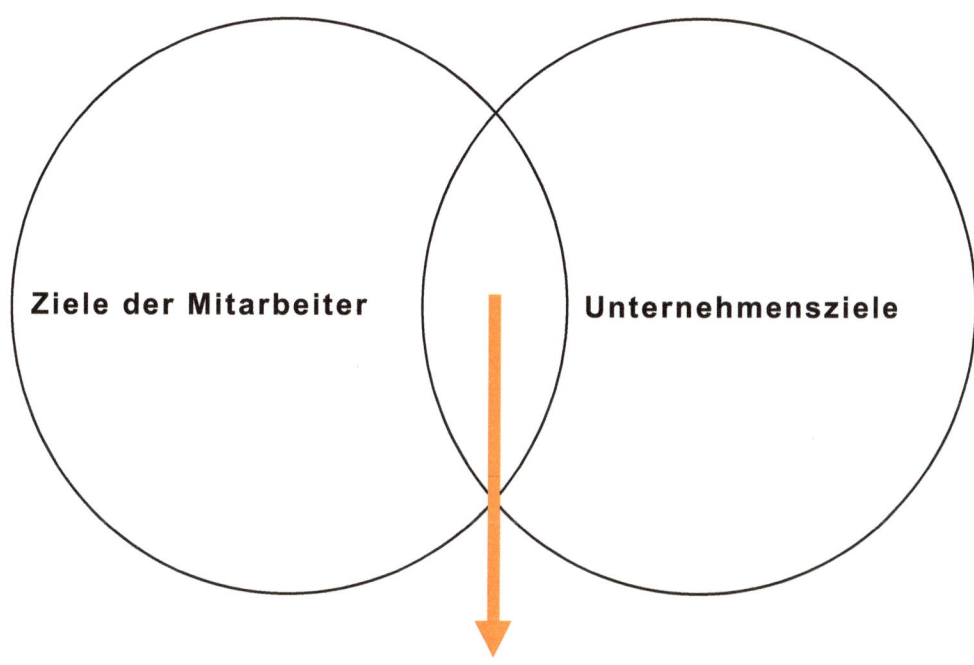

**Anerkennung:**

Wenn Sie dem Mitarbeiter Anerkennung aussprechen, zeigen Sie ihm seinen Anteil an dem Erfolg auf, dadurch erkennt er seine Fähigkeiten, Kenntnisse, Strategien usw. Das eröffnet ihm die Chance in Zukunft wieder erfolgreich zu sein. Dadurch erkennt der Mitarbeiter,

**Konstruktive Kritik:**

Bei der konstruktiven Kritik erarbeiten Sie mit Ihrem Mitarbeiter Lösungen, die verhindern, dass so ein Misserfolg wieder eintritt.

Kritik verhindert den Misserfolg - Anerkennung sichert den Erfolg. d.h.:

**Anerkennung ist wichtiger als Kritik.**

Wenn Sie die Führungsinstrumente, wie Mitarbeitergespräch, Zielvereinbarung, Anerkennung und Kritik, bewusst einsetzen, schaffen Sie eine gute Basis, um die Arbeitsfreude und damit das Engagement Ihrer Mitarbeiter nachhaltig zu beeinflussen.

## Mitarbeiter für Ihre Arbeit begeistern

### Denkzettel: Arbeitsfreude

- Freiräume haben und entscheiden dürfen schaffen Erfolg
- Wenn Ihre Mitarbeiter Freude an dem haben, was Sie tun sind sie erfolgreich
- Arbeitsfreude macht mutig
- Wenn Ihre Mitarbeiter das tun dürfen, was sie können sind sie erfolgreich
- Erfolgsanalysen entwickeln das Selbstwertgefühl Ihrer Mitarbeiter
- Gestalten Sie den Erfolg Ihrer Mitarbeiter und Sie werden erfolgreich sein
- Nutzen Sie die Stärken Ihrer Mitarbeiter, um ihre Arbeitsfreude zu verbessern
- Akzeptieren Sie, dass Ihre Mitarbeiter Risiken eingehen, das bringt ihnen Arbeitsfreude

# Besprechungen

## Machen Sie Ihre Besprechungen preiswert

Besprechungen sind die teuerste Art der Kommunikation. Je mehr Mitarbeiter an einer Besprechung teilnehmen, desto weniger kann der einzelne Mitarbeiter aktiv teilnehmen. Außerdem werden mehr Themen besprochen, die nicht alle Mitarbeiter interessieren und somit für sie eine verlorene Zeit darstellen, die sie für Wertschöpfung verwenden könnten.

## Wie können Sie Besprechungen effektiver gestalten?

Erstellen Sie eine Tagesordnung. Sie ist wichtig, damit die Teilnehmer sich auf die Besprechung vorbereiten können. Jeder Teilnehmer kann Vorschläge für die Tagesordnung machen. Es ist sinnvoll, einen „Redaktionsschluss" zu vereinbaren.

Legen Sie Beginn und Ende der Besprechung verbindlich fest. Auf Teilnehmer, die zu spät kommen, wird nicht gewartet, auch, wenn es der Chef sein sollte. Das Ende der Besprechung einzuhalten ist wichtig, damit die Teilnehmer die Zeit nach der Besprechung planen können.

Wenn Sie für jeden Tagesordnungspunkt Beginn und Ende festlegen, verhindern Sie den „Ziehharmonikaeffekt"; d.h. die letzten Tagesordnungspunkte werden häufig nicht so intensiv besprochen oder auf die nächste Besprechung verschoben. Darüber hinaus ergibt sich dadurch die Möglichkeit, dass einzelne Teilnehmer nur zu einzelnen TOP erscheinen und dass externe Fachleute nur zu einem TOP hinzukommen.

Nennen Sie zu jedem TOP das Ziel.
Beispiele für solche Ziele sind: „zur Diskussion", „zur Entscheidung", „zur Information".

Am Ziel erkennen die Teilnehmer, wie oder wie intensiv sie sich vorbereiten müssen oder ob es reicht, einen Vertreter zu schicken.

16

Bestimmen Sie für jeden TOP einen Ansprechpartner. Die Teilnehmer können sich dann vor der Besprechung noch zusätzlich informieren oder Ideen einbringen.

Lassen Sie ein Sichtprotokoll anfertigen, z.B. per Flipchart, Tageslichtprojektor oder Beamer. So kann jeder Teilnehmer gleich korrigieren und es sind keine nachträglichen Korrekturen nötig und möglich. Wenn Sie mit einem Beamer arbeiten, kann das Protokoll gleich am Ende der Sitzung an die Teilnehmer verschickt werden. Bei wichtigen Protokollen können die Teilnehmer gleich auf dem Original (z.B. Flipchart) unterschreiben.

Lassen Sie ein Ergebnisprotokoll mit Priorität, Verantwortlichen und Termin anfertigen. Sie haben dann sofort eine To-Do-Liste für die Kontrolle der vereinbarten Aktivitäten.

Trennen Sie Protokollführung und Gesprächsführung. Nur so kann sich der Gesprächsführer voll auf seine Aufgabe konzentrieren.

Die Gesprächsleitung sollte wechseln. Dadurch können die Teilnehmer das Leiten einer Besprechung lernen. Außerdem werden die Teilnehmer die Behandlung als gerechter empfinden. Nie sollte der „Chef" die Gesprächsleitung übernehmen, da er sich sonst nicht so auf die Inhalte konzentrieren kann. Ansonsten besteht die Gefahr, dass TOPs, die ihm wichtig sind, ausführlicher behandelt werden und die Besprechung zur Selbstdarstellung missbraucht wird.
Bei wichtigen Besprechungen macht es Sinn, einen Moderator einzusetzen.

Wichtig ist, dass der letzte TOP immer eine Erfolgsanalyse ist. Stellen Sie Fragen wie: Was war in der Besprechung gut, was machen wir das nächste Mal wieder, was machen wir anders? So erreichen Sie,

© Cartoon
Erik Liebermann

**Besprechungen ohne Selbstdarstellung sind kürzer**

**Denkzettel: Besprechungen**

-   **Erstellen Sie eine verbindliche Tagesordnung**
-   **Legen Sie Beginn und Ende der Besprechung fest**
-   **Legen Sie für jeden TOP Beginn und Ende fest**
-   **Definieren Sie für jeden TOP das Ziel**
-   **Benennen Sie für jeden TOP einen Ansprechpartner**
-   **Lassen Sie ein Sichtprotokoll erstellen**
-   **Lassen Sie ein Ergebnisprotokoll mit Priorität, Termin und Verantwortlichem erstellen**
-   **Trennen Sie Gesprächsleitung und Protokollführung**
-   **Die Gesprächsleitung wechselt**
-   **Letzter TOP: Erfolgsanalyse oder Vorschläge für die Verbesserung der Besprechung**

# Change-Management

## Integrieren Sie Ihre Mitarbeiter in Veränderungsprozesse

Nicht einmal 50% der in Unternehmen veranlassten Veränderungen führten annähernd zu dem gewünschten Ergebnis. Der Hauptgrund für diese schlechte Bilanz liegt in der Regel darin, dass die Unternehmen es versäumen, die eigenen Mitarbeiter in den Veränderungsprozess wirklich zu integrieren.

Nichts ändern zu müssen, den Status quo zu erhalten, ist für viele Mitarbeiter ein Bedürfnis. Viele Unternehmen versäumen es, Ihre Mitarbeiter permanent und systematisch mit Veränderungen zu konfrontieren, um sie geistig und mental flexibel zu halten.

Changemanagement gelingt nur, wenn die Mitarbeiter im Unternehmen sich ändern. Es ist sinnvoll, zuerst die Einstellung der Mitarbeiter zu ändern, und diese Mitarbeiter dann das erforderliche Changemanagement durchführen zu lassen.

Viele wissenschaftliche Untersuchungen kommen zu dem Ergebnis, dass es kein Patentrezept für Changemanagement gibt, sondern dass jedes Unternehmen eine eigene Strategie - die die Lerngeschichte und die Lernfähigkeit des Unternehmens berücksichtigt - entwickeln muss.

In der Folge finden Sie eine Reihe von erprobten Vorschlägen, aus denen Sie die für Ihre Mitarbeiter und Ihr Unternehmen geeigneten auswählen können:

| | |
|---|---|
| Partizipation | Machen Sie Betroffene zu Beteiligten Fordern Sie die Mitarbeiter auf, mitzuwirken, Setzen Sie sich mit den Ideen und Vorschlägen der Mitarbeiter auseinander |
| Sinnvermittlung | Erläutern Sie bei allem, was Sie erreichen wollen, den Sinn |

| | |
|---|---|
| Zielvereinbarung | Sorgen Sie dafür, dass Ihre Mitarbeiter die vereinbarten Ziele akzeptieren |
| Vereinbarungen | Treffen Sie Vereinbarungen; d.h. Ihre Mitarbeiter machen Ihnen einen Vorschlag und Sie bestätigen ihn |
| Transparenz | Machen Sie die Absichten, Vorgehensweisen, Zwischenergebnisse und Ergebnisse transparent |
| IST-Situation | Lassen Sie die IST-Situation genau beschreiben, damit Sie die Fortschritte aufzeigen können |
| Rückmeldungen | Organisieren Sie regelmäßig Rückmeldungen über die Fortschritte |
| Erfolgsanalyse | Analysieren Sie systematisch die Erfolgsfaktoren für die Veränderungen und machen Sie sie transparent |
| Flexibilität | Passen Sie die Vorgehensweise an veränderte Rahmenbedingungen und veränderte Zwischenergebnisse an |
| Verankerungen | Registrieren Sie Zwischenergebnisse und ziehen Sie daraus sofort die Konsequenzen |
| Schnelle Erfolge | Sorgen Sie dafür, dass sehr schnell Erfolge dargestellt werden können |
| Verantwortlichkeiten | Vereinbaren Sie für alle Maßnahmen klare Verantwortlichkeiten |
| Vorbild | Sorgen Sie dafür, dass Top-Down die neuen Verhaltensweisen vorgelebt werden |
| Ressourcen | Sorgen Sie dafür, dass die für die gewünschten Veränderungen notwendigen Ressourcen verfügbar sind |

| Planung | Lassen Sie einen genauen Umsetzungsplan erarbeiten (Drehbuch), mit konkreten Inhalten und zeitlichen Meilensteinen |
|---|---|
| Erklärbarkeit | Sorgen Sie dafür, dass die gewollten Veränderungen so erklärt und dargestellt werden, dass die Betroffenen sie wirklich nachvollziehen können. |
| Meinungsführer | Holen Sie sich vor allem die Meinungsführer des Widerstandes ins Boot |
| Belohnung | Belohnen Sie jedes gewollte Verhalten |
| Sanktionen | Sanktionieren Sie „Status-Quo-Verhalten" |
| Beispiele | Vermitteln Sie möglichst viele positive Beispiele |
| Einwände | Reflektieren Sie mögliche Einwände und Widerstände und entkräften Sie diese, bevor sie geäußert werden oder auftauchen |
| Leidensdruck | Schaffen Sie ein gemeinsames Problembewusst-sein und lassen Sie die Konsequenzen erarbeiten, was passiert, wenn der „Status- |
| Hilfe | Helfen Sie nie − bieten Sie nur Hilfe zur Selbsthilfe an |
| Risiken | Analysieren Sie mögliche Risiken und bereiten Sie vorbeugende Maßnahmen vor (Plan B) |
| Spaß | Zeigen Sie auf, dass die Veränderungen bzw. der neue Zustand Spaß macht und welche |

| | |
|---|---|
| Konsens | Sorgen Sie für Konsens aller betroffenen Parteien |
| Fähigkeiten | Vermitteln Sie die für die Veränderung notwendigen Fähigkeiten und Fertigkeiten vor dem Start |
| Fairness | Seien Sie bei allen Korrekturen fair |
| Erwartungen | Registrieren Sie die Erwartungen aller Betroffenen und sorgen Sie für Realitätsdichte |
| Krisen | Nutzen Sie traumatische Ereignisse als Basis für Veränderungen |
| Visualisieren | Stellen Sie alle Ziele, Teilergebnisse und Ergebnisse optisch dar |
| Prozessbegleiter | Organisieren Sie ein Controlling durch Prozessbegleiter |

## Prozessbegleiter

Jeder Veränderungsprozess bedingt ein Controlling.

Die Verantwortlichen für dieses Controlling müssen außerhalb der Linienorganisation angesiedelt sein, in der die Veränderung geplant ist;
d.h. sie berichten direkt demjenigen, der für die Veränderung verantwortlich ist.

Die Prozessbegleiter sind in der Regel erfahrene Mitarbeiter, die in den Veränderungsprozess nicht involviert sind.

Bei größeren Change-Management-Prozessen sind es häufig externe Berater.

Prozessbegleiter sind wesentlicher Bestandteil des Change-Managements

## Beteiligen Sie Betroffene

**Denkzettel: Change-Management**

- Suchen Sie immer nach Gründen,
  welche Veränderung sich lohnt
- Je schwerer Ihnen eine Veränderung fällt,
  desto wichtiger ist Sie
- Jede Veränderung bringt etwas Positives
- Sie müssen selbst die Veränderung sein,
  die Sie sich vom Unternehmen wünschen
- Mit „Heute" leiten Sie jede Veränderung ein
- Veränderung braucht Bewusstsein

# Delegieren

**Erledigen Sie nur das selbst, wofür Sie bezahlt werden**

Eine der wichtigsten Aufgaben für Sie als Führungskraft ist es zu entscheiden, welche der Aufgaben, Sie zu erledigen haben, Sie unbedingt selbst machen müssen, und welche sie an Ihre Mitarbeiter delegieren können.

Alle Aufgaben lassen sich grundsätzlich in drei Kategorien einteilen:

A-Aufgaben sind nicht delegierbar, sie muss die Führungskraft selbst erledigen

B-Aufgaben sind delegierbar, die Führungskraft muss aber kontrollieren, ob sie richtig und termingerecht erledigt werden

C-Aufgaben können in die Eigenverantwortung der Mitarbeiter übertragen werden und müssen nicht mehr kontrolliert werden.

**Wichtige A-Aufgaben sind:**

Alle Führungsaufgaben sind A-Aufgaben und damit grundsätzlich nicht delegierbar; im Wesentlichen handeln es ich um folgende Aufgabengruppen:

- Mitarbeiterführung d.h. Anerkennung, Kritik, Erfolgsanalysen, Information, Zielvereinbarungen, Delegieren von Aufgaben, Personalentscheidungen, Gehalt, Prämien usw. (Falls etwas davon in Ihrem Unternehmen zentral entschieden wird, sollten Sie auf alle Fälle darauf bestehen, dass Sie Ihre Mitarbeiter selbst darüber informieren.)

**Beziehungsmanagement:**

- Die wichtigsten Inhouse-Beziehungen (Geschäftsführung, Personalabteilung, Betriebsrat usw.) und die Kontakte zu den Kunden und Lieferanten sollten Sie nicht aus der Hand geben.

**Strategie:**

- Alle strategischen Entscheidungen wie neue Produkte, Märkte, Mitarbeiterentwicklung, Projekte usw. sind nicht delegierbar.

**Gesamtverantwortung:**

- (Sie wird gerne als erstes delegiert; z.B., wenn eine Führungskraft sagt: „Den Fehler hat der Mitarbeiter Huber gemacht") Für alles, was ihre Mitarbeiter an Positiven oder Negativen produzieren ist die Führungskraft verantwortlich. Wenn Sie Ihren Mitarbeitern keine Rückendeckung mehr geben, werden sie Ihnen auch nicht mehr ihre volle Leistungsbereitschaft zu Verfügung stellen.

**Eigene Qualifizierung:**

- Ihre eigene Qualifizierung ist nicht delegierbar. Nur Sie sind dafür verantwortlich, dass Sie nicht morgen von gestern sind.
- Alle anderen Aufgaben sind grundsätzlich delegierbar – bei einem Teil davon müssen Sie natürlich das Ergebnis kontrollieren.
- Bedenken Sie, dass Sie mit der Erledigung Ihrer A-Aufgaben die höchste Wertschöpfung erreichen und dafür ja auch Ihr Gehalt bekommen und nicht dafür, dass Sie Arbeiten machen, die ein Mitarbeiter auch billiger erledigen kann.

**Delegieren: Grundgedanken**

Wenn Sie Ihren Mitarbeitern Aufgaben geben, die für diese Routine sind, die keine Konzentration verlangen oder langweilig sind, d.h. wenn Sie Ihre Mitarbeiter unterfordern, werden Sie feststellen, dass Qualität der Arbeit sinken. (Fehler passieren überwiegend in der Routine.)

Wenn Die Aufgaben, die Sie Ihrem Mitarbeitergeben diesen überfordern, sorgt die Versagensangst dafür, das seine Motivation nachlässt und damit die Quantität der Arbeit sinkt.

Wenn Sie Ihren Mitarbeitern Aufgaben geben, die Sie fordern, die neu sind, die eine Herausforderung darstellen, die ihnen Spaß machen, werden Sie feststellen, dass die Arbeitsergebnisse qualitativ und quantitativ besser werden. Außerdem bleiben Ihre Mitarbeiter dann geistig und mental fit,

Wichtig ist, dem Mitarbeiter die Kompetenzen zu geben, die er benötigt, um seine Aufgaben erledigen zu können, ohne sich zusätzliche Genehmigungen holen zu müssen. So erreichen Sie, dass Ihr Mitarbeiter bei der Zusammenarbeit mit anderen von diesen auch als vollwertiger Gesprächs- und Verhandlungspartner akzeptiert wird. (In der Praxis genügt es dem Mitarbeiter so viele Befugnisse zu geben, dass er ca. 70 - 90% Prozent der ihm übertragenen Aufgaben ohne Rückfragen erledigen kann.) Darüber hinaus machen Sie Ihren Mitarbeitern die Rückdelegation schwerer.

Grundsätzlich hat der Mitarbeiter die Verantwortung für die korrekte, prozessgerechte Durchführung der Aufgabe (Handlungsverantwortung), während die Verantwortung für das Ergebnis d.h. die mit dem internen oder externen Kunden definierte Qualität bei der jeweiligen Führungskraft bleibt (Gesamtverantwortung).

Wenn Sie diese Grundgedanken berücksichtigen, heißt Delegieren, dem Mitarbeiter:

- wichtige Aufgaben
- die entsprechenden Befugnisse und
- die Handlungsverantwortung zu übertragen.

**Checkliste zur Vorbereitung des Delegierens**

- Welche Kompetenzen braucht der Mitarbeiter?
- Welche Meilensteine sind sinnvoll?
- Kommt der Mitarbeiter, wenn er Schwierigkeiten hat?
- Ist der Mitarbeiter überfordert?
- Ist der Mitarbeiter unterfordert?

26

- Kann er seine Ideen, Vorschläge einbringen?
- Wie definiert sich bei dieser Aufgabe Erfolg?
- Was passiert, wenn die Aufgabe nicht erledigt wird?
- Wo braucht der Mitarbeiter Unterstützung?
- Welche zusätzlichen Ressourcen braucht der Mitarbeiter?
- Welche Schnittstellen müssen berücksichtigt werden?
- Welche Konflikte können auftauchen?
- Welche Informationsquellen braucht der Mitarbeiter?

## Delegieren: Vorteile

Unternehmen, die das Delegationsprinzip konsequent durchführen, erleben folgende

**Vorteile für das Unternehmen:**
- Betriebsklima wird besser
- Wertschöpfung wird besser
- Produktivität wird besser
- Qualität der Arbeit steigt
- Quantität der Arbeit steigt
- Flexibilität extern nimmt zu
- Flexibilität im operativen Bereich nimmt zu
- Know-how-Tiefe wird erhöht (BPI)
- Vertreterprinzip wird installiert
- Fluktuation sinkt
- Fehlzeiten sinken
- Innovationskraft nimmt zu

**Vorteile für den Vorgesetzten:**

- Persönliche Autorität steigt
- Führungsfähigkeit steigt
- Zeit für Wesentliches (A Aufgaben)
- höhere Effektivität
- mehr Freizeit
- zufriedene Mitarbeiter
- Fehlzeiten sinken
- Leistung nimmt zu
- Image nimmt zu
- Anerkennung nimmt zu

**Vorteile für den Mitarbeiter:**

- Selbstwertgefühl steigt
- Arbeitsfreude steigt
- Gesundheit wird besser
- Aufstiegschancen
- Interessante Aufgaben
- Identifikation
- höheres Gehalt
- Qualifikation steigt usw.

## Delegieren: Analyse

Bevor Sie als Führungskraft eine Aufgabe angehen, müssen Sie sich immer vier Fragen stellen:

- Muss die Aufgabe überhaupt erledigt werden?
- Können Sie verantworten, diese Aufgabe (C2- oder C3-Aufgabe?) erledigen zu lassen, während etwas Wichtigeres liegen bleibt?
- Müssen Sie diese Aufgabe selbst erledigen?
- Können Sie sie an einen Mitarbeiter delegieren (B-Aufgabe?) oder in dessen Eigenverantwortung (C-Aufgabe?) übertragen?
- Müssen Sie diese Aufgabe jetzt erledigen?
- Können Sie die Aufgabe auf einen sinnvolleren Termin verlagern?
- Müssen Sie die Aufgabe in der vorliegenden Form erledigen?
- Können Sie die Aufgabe einfacher strukturieren, rationalisieren oder aufteilen?

Durch das Übertragen von wichtigen Aufgaben an die Mitarbeiter werden die Qualität und die Quantität der Arbeitsergebnisse erhöht.

**Wichtige Aufgaben delegieren**

**Denkzettel: Delegieren**

- **Nur wer delegiert, führt**

- **Machen Sie nie etwas selbst, was ein anderer für Sie tun kann**

- **Pfuschen Sie nie jemandem ins Handwerk, dem Sie eine Aufgabe delegiert haben – außer es ist etwas schief gegangen**

- **Sie müssen genau wissen, was Sie nicht können und sich dafür die richtigen Mitarbeiter suchen**

- **Nur der Dumme macht zu viel selbst**

- **Je mehr Sie delegieren, desto verantwortungsbewusster gehen Sie mit Ihrer Zeit um**

- **Suchen Sie sich Mitarbeiter, die mit Ihren Stärken Ihre eigenen Schwächen abdecken**

# Eigenverantwortliche Mitarbeiter

## Machen Sie aus Zuarbeitern Mitarbeiter

Eigenverantwortliche Mitarbeiter werden nicht geboren, sondern sozialisiert. Das Verhalten seiner Führungskraft und die Unternehmenskultur tragen entscheidend dazu bei, ob der Mitarbeiter im Sinne des Unternehmens mitdenkt, eigenverantwortlich entscheidet und bereit ist, das zu verantworten, was er unternommen oder unterlassen hat.

Wichtige Grundgedanken hierzu sind:

## Geben Sie Ihren Mitarbeitern Handlungsfreiräume

Nur Mitarbeiter, die eigene Entscheidungs- und Handlungsfreiräume haben, können Eigenverantwortlichkeit lernen. Sobald Sie in den Verantwortungsbereich Ihrer Mitarbeiter eingreifen, sind diese nicht mehr bereit, die Handlungsverantwortung zu übernehmen. Das Ergebnis ist dann Absicherung und Rückdelegation.

## Machen Sie Ihre Mitarbeiter zu Mitwissern

Sorgen Sie dafür, dass Ihre Mitarbeiter ihre Aufgaben in die übergeordneten Ziele einordnen können und dass sie die Rahmenbedingungen kennen. Informieren Sie Ihre Mitarbeiter; dann können diese mitdenken und auch allein in Ihrem Sinne -bzw. im Sinne des Unternehmens- handeln.

## Entscheiden Sie schnell und eindeutig

Nur wenn die Führungskraft Entscheidungssicherheit, Risiko- und Verantwortungsbereitschaft zeigt, wird der Mitarbeiter diese Eigenschaften übernehmen und ausprägen.

## Achten Sie auf Ihre Glaubwürdigkeit

Mitarbeiter können sich nur im Unternehmenssinn entwickeln, wenn sie berechenbare Führungskräfte haben. Alle Zuwendungen, wie Anerkennung, Kritik, Gunst usw., dürfen nicht von Ihrer Laune abhängig sein, sondern müssen von der Sache bestimmt sein.

## Machen Sie Erfolgsanalysen

Misserfolgsanalysen verhindern den nächsten Misserfolg. Erfolgsanalysen liefern Vorgehensweisen und Strategien für den nächsten Erfolg. Mit Erfolgsanalysen entwickeln Sie eigenverantwortliche Mitarbeiter. Nur wenn die Mitarbeiter ihre eigenen erfolgreichen Handlungsweisen, d.h. ihre Stärken kennen, sind sie bereit, aktiv Verantwortung zu übernehmen

## Erklären Sie Ihren Mitarbeiter den Sinn ihrer Aufgaben

Nur wenn Ihre Mitarbeiter überzeugt sind, dass ihre Aufgaben und Ziele einen Sinn haben, werden sie eigenverantwortlich für Sie tätig werden.

## Hören Sie Ihren Mitarbeitern zu

Wer spricht, lernt nichts. Ihr eigenes Know-how steht Ihnen sowieso zur Verfügung. Das Know-how Ihrer Mitarbeiter erschließen Sie nur, wenn Sie sich mit seinen Ideen und Vorschlägen auseinandersetzen. Jede Lösung wird durch einen partnerschaftlichen Dialog besser.

## Tragen Sie Konflikte aus

Neue Wege, unorthodoxe Ideen, außergewöhnliche Vorgehensweisen usw., die Ihre Mitarbeiter vorschlagen, erzeugen Konflikte. Wenn Sie diese Konflikte nicht ausgetragen, erlischt die Eigeninitiative der Mitarbeiter. Nur wenn Sie diese Konflikte konstruktiv bewältigen, lernen alle Beteiligten daraus.

## Vertrauen Sie Ihren Mitarbeitern

Vertrauen ist eine Vorschussleistung der Führungskraft gegenüber dem Mitarbeiter. Vertrauen stellt immer ein Risiko dar. Trauen Sie Ihren Mitarbeitern etwas zu. Zeigen Sie Mut: Riskieren Sie, dass Ihre Mitarbeiter Fehler machen! Nur dann können Ihre Mitarbeiter lernen, die Konsequenzen ihres Handelns zu verantworten.

## Schaffen Sie fehlerfreundliche Einstellungen

Nur wer eigenverantwortlich handelt, macht Fehler. Belohnen Sie Mitarbeiter, die eigene Fehler offenbaren und unterstützen Sie sie bei der Korrektur der Fehler. Unterstützung ist immer nur Hilfe zur Selbsthilfe. So lernt der Mitarbeiter seine Prozesse zu verbessern. Sanktionieren Sie Mitarbeiter, die eigene Fehler kaschieren.

## Stärken Sie das Selbstwertgefühl Ihrer Mitarbeiter

Bestätigen Sie die Leistung Ihrer Mitarbeiter, damit diese ihr eigenes Selbstwertgefühl entwickeln können. Nur Mitarbeiter mit einem autonomen Selbstwertgefühl riskieren etwas, nutzen Ihre Handlungsspielräume und handeln eigenverantwortlich.


## Eigenverantwortliche Mitarbeiter
## machen Sie erfolgreich

## Denkzettel: Eigenverantwortliche Mitarbeiter

- Das Gegenteil von Pflicht ist Verantwortung

- Verantwortung kann nur übernehmen,
  wer die entsprechenden Befugnisse hat

- Zuarbeiter werden zu Mitarbeitern, sobald sie eigenverantwortlich handeln dürfen und können

- Mitarbeiter müssen auch das verantworten,
  was sie unterlassen

- Persönlichkeit ist nur, wer Verantwortung übernimmt

# Entscheiden

## Falsche Entscheidungen stabilisieren sich.

Wir können mit Unsicherheit nicht leben. Deshalb bestätigt unsere eigene Wahrnehmung immer wieder unsere getroffenen Entscheidungen, Vorurteile oder Gewissheiten.

Wenn wir Entscheidung getroffen haben, suchen wir unbewusst selektiv unterstützende Informationen und vermeiden es Informationen wahrzunehmen, die uns aufzeigen, dass die Entscheidung falsch war. Die gewählte Alternative steigt damit in der Attraktivität, die nicht gewählte sinkt in der Attraktivität. All dies dient dazu, unsere Entscheidung nicht revidieren zu müssen. D. h. wenn wir eine falsche Entscheidung getroffen haben, z.B. einen ungeeigneten Mitarbeiter eingestellt haben, wird unsere eigene Wahrnehmung selektiv alle Informationen auswählen, die uns bestätigen, wie gut unser Mitarbeiter ist. Wir können nicht akzeptieren, dass das Umfeld das anders erlebt.

### Der Mensch ist ein rationalisierendes, kein rationales Wesen

## Entscheiden

Es ist wichtig, alle Entscheidungen, die wir treffen, bewusst zu reflektieren – am besten im Dialog mit anderen.

Entscheiden meint die endgültige Auswahl zwischen Alternativen.

Wenn Sie erfolgreich getroffene Entscheidungen auf Ihre Entscheidungsprinzipien hin analysieren, können Sie daraus handlungsleitende Werte für zukünftige Entscheidungen ableiten und Sie werden immer geeignetere Entscheidungen treffen.

Bei der Auswahl eines Mitarbeiters können Sie z.B. analysieren, welches Fähigkeitsprofil er hat und bei der nächsten Auswahl dieses oder ein an die neue Situation angepasstes als Anforderungsprofil verwenden.

Je öfter Sie Entscheidungen „mental" trainieren, desto leichter fallen Ihnen reale Entscheidungen und desto realitätsdichter werden diese.

**Wenn Sie entscheiden, werden Sie akzeptiert**

### Entscheiden: Grundgedanken

Bei einer Entscheidung geht es nicht nur darum, ob Sie entscheiden dürfen, sondern auch ob Sie entscheiden können. Deshalb sollten Sie folgende Überlegungen anstellen:

- Haben Sie das notwendige Know-how, um diese Entscheidung zu treffen, oder gibt es in Ihrem Umfeld jemand, - z.B. einen Mitarbeiter - der dieses Thema besser entscheiden kann oder den Sie hinzuziehen könnten.

- Sie überlegen, welche Risiken Ihre Entscheidung birgt.

- Für die wichtigsten Risiken überlegen Sie vorbeugende Maßnahmen. Falls Sie Ihre Entscheidung begründen oder verteidigen müssen, helfen Ihnen die vorbeugenden Maßnahmen bei der Einwandbehandlung.

# Entscheidungsvorlage (Beispiel)

| Thema | | |
|---|---|---|
| Termin | Priori-tät | Mitbetroffene |
| Warum kann ich nicht selbst entschei-den? | | |
| Alternative 1 | | ausarbeiten |
| Alternative 2 | | ausarbeiten |
| Entschei-dungsvor-schlag | | |
| Gründe | | |
| Risiken | Vorbeugende Maßnahmen | |
| Risiken | Vorbeugende Maßnahmen | |
| Konsequen-zen bei Nichtent-scheiden | | |
| Bestätigung | Datum | Gründe, warum nicht zum Termin bestätigt wurde |

Um Ihre Mitarbeiter zu trainieren eigenverantwortlich Entscheidungen in Ihrem Sinne zu treffen, verwenden Sie zur Unterstützung ein Formblatt

**Erläuterung:**

**Termin / Priorität**: Achten Sie immer darauf, dass Ihre Mitarbeiter bewusst zwischen **Terminen** (entspricht eilig /

dringend) und **Priorität** (entspricht wichtig) trennen, sonst laufen Sie Gefahr, dass Ihre Mitarbeiter eilige Sachen erledigen und vergessen die wichtigen Aufgaben - die in der Regel längerfristiger und aufwändiger sind - rechtzeitig einzuplanen.

Mitbetroffene: Ihre Mitarbeiter lernen dadurch in Teamprozessen zu denken und ihr Netzwerk zu pflegen.

Warum kann ich nicht selbst entscheiden: Dies ist wahrscheinlich der wichtigste Punkt! Sie müssen alles tun um Rückdelegation zu vermeiden. (Ihr Erfolg hängt davon ab, dass Sie Ihre eigenen Aufgaben erledigen und dazu müssen Sie vermeiden, dass Sie die Aufgaben Ihrer Mitarbeiter machen.) Für Ihren Mitarbeiter ist es viel bequemer, wenn Sie für ihn entscheiden, zum einen muss er sich weniger Gedanken machen, zum anderen muss er die Entscheidung dann nicht verantworten.

Alternativen: Zwingen Sie Ihre Mitarbeiter immer Alternativen aufzuzeigen und zu durchdenken, dadurch verbessern Sie die Entscheidungsfähigkeit Ihrer Mitarbeiter – und Sie lernen auch etwas dabei.

Gründe: Lassen Sie sich den Entscheidungsvorschlag nachvollziehbar begründen.

Wenn Ihnen die Begründung für die von ihm vorgeschlagene Alternative nicht ausreicht, lassen Sie sich eine andere Alternative begründen.

Risiken: Jede Entscheidung birgt Risiken. Diese aufzuzeigen und vorbeugende Maßnahmen zu überlegen, ist Bestandteil jeder Entscheidung.

Konsequent bei Nichtentscheiden: Als letztes erläutert der Mitarbeiter, was er unternimmt, wenn Sie bis zu dem vorgeschlagenen Datum seinen Entscheidungsvorschlag nicht bestätigen.

(Sie können diese Grundgedanken natürlich auch für Entscheidungsgespräche mit Ihren Mitarbeitern, Ihren Partnern oder für eigene Entscheidungsprozesse verwenden.)

**Es ist schlimmer, nicht zu entscheiden,
als falsch zu entscheiden**

**Denkzettel: Entscheiden**

- **Entscheiden macht frei**
- **Entscheiden tun Sie nicht im Kopf, sondern im Bauch**
- **Entscheidungsunfähigkeit ist ein gnadenloser Zustand**
- **Angst führt zu schlechten Entscheidungen**
- **Verlassen Sie sich auf Ihre Intuition**
- **Entscheiden macht Sie erfolgreich**
- **Es ist besser, Sie entscheiden falsch als gar nicht**
- **Ihr Schicksal ist das Ergebnis Ihrer Entscheidungen**
- **Ihr Gefühl entscheidet, der Verstand liefert die Gründe**
- **Ihr Leben ist einfach, wenn Sie entscheiden**

# Erfolgsstrategien

### Ersetzen Sie Kampf- und Siegstrategien durch Erfolgsstrategien

Die in Unternehmen häufig üblichen Kampf- und Siegstrategien bedeuten immer einen hohen Aufwand, der in der Regel in keinem sinnvollen Verhältnis zum Ergebnis steht.

Es ist immer sinnvoll zu überlegen, wie Sie das gewünschte Ergebnis mit möglichst geringem Aufwand erreichen bzw. Sie mit demselben Aufwand ein besseres Ergebnis bekommen kann.

Nutzen Sie die Erfahrung, die Funktion, das Know-how, die Akzeptanz, die Sie sich in ihrem bisherigen Berufsleben erkämpft haben. Ändern Sie die Art Ihrer Zusammenarbeit mit Vorgesetzten, Kollegen und Mitarbeitern, um neue Erfolgsstrategien zu entwickeln.

Beispiele für Erfolgsstrategien sind:

### Konsens suchen

Konflikte sind notwendig und sinnvoll, da sie Veränderungen und Innovationen initiieren. Andererseits erfordert die Bewältigung von Konflikten viel emotionalen Aufwand, Einfühlungsvermögen und je geeignete Strategien.

Wenn Sie etwas erreichen wollen, suchen Sie Ansprechpartner, mit denen Sie bei diesem Thema schnell Konsens finden, und entwickeln Sie gemeinsam Strategien, wie Sie möglichst schnell und erfolgreich Ergebnisse erreichen.

### Partner begeistern

Wenn Sie Aufgaben delegieren, müssen Sie Ihre Mitarbeiter bei der Erledigung unterstützen und die Ergebnisse kontrollieren, d.h. Sie haben erheblichen Führungsaufwand.

Wenn Sie Ihre Kollegen oder Mitarbeiter für eine Idee oder ein Thema begeistern, dann können diese von sich aus in Ihrem Sinne tätig werden - ohne dass Sie sich weiter darum kümmern müssen.

## Strategien anwenden

Wenn Sie in einem Unternehmen etwas erreichen wollen, bedeutet das in der Regel, dass Sie Überzeugungsarbeit leisten müssen, Mitarbeiter akquirieren und Widerstände brechen müssen usw

Wenn Sie Ihre Erfolge dadurch erreichen, dass Sie geeignete Strategien entwickeln, d.h. z.B., wer Ihr Thema sponsern könnte, wer noch an dem Thema interessiert ist, wann der richtige Zeitpunkt ist, dann werden Sie mit weniger Energieeinsatz mehr Erfolg haben.

## Netzwerke nutzen

Um in einem Unternehmen Karriere zu machen, ist es üblich, in Rivalität mit Kollegen zu denken, zu versuchen, besser zu sein wie diese, Defizite zu kompensieren, um gute Ergebnisse zu erreichen usw.

Wenn Sie Ihr bewusst gestaltetes Netzwerk nutzen, um persönliche Informationssysteme aufzubauen, Frühwarnsysteme einzurichten, gegenseitige Unterstützung zu initiieren usw., werden Sie von Ihrem Netzwerk stabilisiert und können es nutzen, um Ihre Ziele mit weniger Aufwand zu erreichen.

## Stärken stärken

Wenn wir Aufgaben bekommen, die an der Grenze unserer Leistungs-fähigkeit liegen, versuchen wir, die Defizite, die wir bei uns feststellen, irgendwie zu kompensieren – was in der Regel psychisch oder mental sehr aufwendig ist und nie zu Spitzenleistungen führt.

Wenn Sie sich Ihre Stärken bewusst machen, z.B. durch regelmäßige Erfolgsanalysen, und Aufgaben übernehmen, bei denen Sie Ihre Stärken nutzen und erweitern können, dann werden Sie immer erfolgreicher werden, und die Arbeit macht Ihnen Spaß.

## Einfluss ausüben

Macht ausüben bedeutet, wir haben die Möglichkeit, Anweisungen zu geben, um etwas zu erreichen. Wenn wir etwas anordnen, erzeugt das häufig Widerstand und es gibt Reibungsverluste bei der Umsetzung.

Wenn Sie Ihren Einfluss nutzen, um Gegner ins Boot zu holen, um Sponsoren und Sympathisanten für Ihre Ideen zu finden, erreichen Sie mit weniger Aufwand bessere Ergebnisse; d.h. Sie erreichen eine wesentlich höhere Wertschöpfung.

## Synergie suchen

Wenn wir unsere Ziele im Wettkampf mit Konkurrenten erreichen wollen, müssen wir immer darauf achten, schneller und besser als die Konkurrenz zu sein: das ist aufwendig.

Wenn Sie - um Ihre eigenen Ideen umzusetzen - überlegen, wer parallele, ähnliche Ziele hat bzw. mit welchen Aufgaben von Kollegen sich Synergieeffekte finden lassen, sparen Sie Kraft und Energie.

## Duftmarken setzen

Ziele erreichen, setzt immer voraus, dass unsre Ziele von anderen akzeptiert werden und dass wir auf dem Weg zum Ziel immer mehr oder weniger Aufwand treiben müssen.

Duftmarken setzen, meint, Sie überlegen sich eine Idee, die neu ist, innovativ ist und bei der allen klar ist, dass sie von Ihnen kommt.
Wenn Sie andere für diese Idee begeistern, dann haben Sie eine Chance, in das „Geschichtsbuch" des Unternehmens einzugehen und erleichtern sich Ihre gesamte zukünftige Arbeit.

Wenn Sie auch nur einen dieser Punkte umsetzen, brauchen Sie weniger Aufwand, werden erfolgreicher sein – und haben auch mehr Freunde und mehr Freude.

© Cartoon
Erik Liebermann

**Suchen Sie Partner für gemeinsame Strategien!**

**Denkzettel: Erfolgsstrategien**

-   **Suchen Sie kongeniale Unterstützer**

-   **Begeistern Sie andere für Ihre Ideen**

-   **Ersetzen Sie Energie durch Strategie**

-   **Analysieren und nutzen Sie Ihre Stärken**

-   **Gestalten und nutzen Sie Ihre Netzwerke**

-   **Nutzen Sie Synergieeffekte**

# Fragetechnik

## Mit Fragen steuern Sie Ihre Gespräche

In Ihren Gesprächen sind Sie nur erfolgreich, wenn Sie alterozentriert vorgehen; d.h. wenn Sie Ihren Gesprächspartner gedanklich in den Mittelpunkt stellen – alles andere sind Kampf- und Sieg-Strategien, die keine Win-Win-Situation möglich machen.

In einem Überzeugungsgespräch gibt es zwei wichtige Regeln:

## Erst zuhören, dann argumentieren

Das meint, erst, wenn Sie die Interessen, Meinungen, Einstellungen usw. Ihres Gesprächspartners kennen, können Sie Ihre Argumente so setzen, dass diese Wirkung zeigen.

## Wer richtig fragt, führt

Das meint, die Steuerung im Gespräch hat nie der, der mit seiner Argumentation beginnt, sondern derjenige, der partnerorientierte Fragen stellt.

Entscheidend ist es, die richtigen Fragen zu stellen und auf die Reihenfolge der Frageformen zu achten.

Für ein Überzeugungsgespräch stehen Ihnen folgende Frageformen zu Verfügung:

## Suggestivfragen

enthalten eine Unterstellung, die, wenn sie vom Empfänger mit „ja" beantwortet werden kann, Sympathie und Beziehung erzeugt.

Beispiele:

- Haben Sie auch die Grünen gewählt?
- Spielen Sie auch gerne Golf?

Wenn eine Suggestivfrage mit „nein" beantwortet wird, provoziert sie einen Konflikt.

Die Suggestivfrage hat nichts mit dem Gesprächsthema zu

tun, sie orientiert sich ausschließlich an den Erfahrungen Ihres Gesprächspartners.

Eine Suggestivfrage stellen Sie am Beginn eines Gesprächs, um eine positive Gesprächsatmosphäre zu erzeugen.

## Offene Fragen

beginnen mit einem Fragefürwort (W-Fragen). Diese haben den Vorteil, dass Ihr Gesprächspartner offen antworten kann; d.h. Sie bekommen viel Information, haben aber keinen Einfluss auf den Inhalt.

Es kann daher sein, dass diese Information nicht zu Ihrer Strategie passt.

## Direkte offene Fragen

Mit direkten offenen Fragen testen Sie nur die Intelligenz Ihres Gesprächspartners. Er erkennt, was Sie mit dieser Frage erreichen wollen, und Sie müssen damit rechnen, dass Sie eine strategische Antwort bekommen.

Beispiel: wenn Sie in einem Bewerbergespräch fragen: „Wie werden Sie unsere Mitarbeiter führen?" müssen Sie damit rechnen, dass der Bewerber nicht das erzählt, was er vorhat, sondern das, was er glaubt, das Sie hören wollen.

Direkte offene Fragen sind deshalb für Bewerbergespräche, Strukturierte Interviews, Management Audits oder zu Beginn von Verhandlungen nicht geeignet.

## Retrospektive Fragen

hinterfragen Erfahrungen Ihres Gesprächspartners in der Vergangenheit. Bei retrospektiven Fragen erkennt Ihr Gesprächspartner in der Regel nicht, was Sie eigentlich wissen wollen und wird ungeschützt antworten und Sie erfahren etwas über seine Grundeinstellungen, Wertsysteme und Motive.

Beispiel: "Was war die für Sie schwierigste Führungssituation in der Firma YX?"

## Indirekte Fragen

lassen von Ihrem Gesprächspartner andere, vergleichbare Situationen bewerten. Ziel der Frage sind Grundeinstellung, Wertsysteme, Motive.

Beispiel: „Wie hat Ihnen der Führungsstil in der Firma YX gefallen?"

## Projektive Fragen

lassen von Ihrem Gesprächspartner das Handeln anderer Personen bewerten. Ziel dieser Frageform sind ebenfalls die Grundeinstellungen, Wertsysteme und Motive Ihres Gesprächspartners.

Beispiel: „Wie sollte jemand führen, der Vorgesetzter seiner früheren Kollegen wird?"

## Geschlossene Fragen

beginnen mit einem Verb und sind in der Regel nur mit ja oder nein zu beantworten. Strategisch ist es sinnvoll, geschlossene Fragen immer so zu stellen, dass Sie mit einem „Ja" zu beantworten sind; bei einem „Nein" blockieren Sie sich selbst.

Beispiel:
„Wären Sie mit einem Gehalt von 100 000.- zufrieden?"

Da Sie auf geschlossene Fragen keine Information bekommen, sind sie nur geeignet, um zu kontrollieren, ob die Information, die Sie haben oder bekommen haben, richtig ist. Bei Verhandlungen lassen Sie sich nochmals die Grundvoraussetzungen für die jetzt beginnende Verhandlung bestätigen.

## Alternativfragen

dienen dazu, ihren Gesprächspartner in Richtung des von Ihnen gewünschten Gesprächszieles zu steuern.

Beispiel: „Wollen Sie ein höheres Grundgehalt oder lieber eine höhere Erfolgsbeteiligung?"

Strategisch macht es Sinn, die von Ihnen bevorzugte

46

Alternative als zweites zu nennen.

Die Alternativen, die Sie anbieten, sollten Sie in der Vorbereitung gut überlegen, da sie Ihr wichtigstes strategisches Instrument im Gespräch bzw. In der Verhandlung darstellen

## Motivgesteuerte Alternativfrage

Bei der motivgesteuerten Alternativfrage geben Sie der Alternative, die Sie erreichen wollen, ein partnerorientiertes Motiv bei. Mit dieser Frageform bekommen Sie eine Entscheidung oder eine Teilentscheidung.

Beispiel: „Wollen Sie ein höheres Grundgehalt oder - damit sich Ihre Leistung und Ihr Engagement für Sie auch wirklich lohnt - eine höhere Erfolgsbeteiligung?"

## Vorbereitung

Es macht wenig Sinn, wenn Sie sich in der Vorbereitung auf ein Gespräch Argumente zu überlegen, da Sie in der Regel noch gar nicht abschätzen können, ob diese überhaupt einen Überzeugungswert darstellen.

Wenn Sie in der Vorbereitung auf ein Gespräch überlegen, was Sie von Ihrem Gesprächspartner wissen und was Sie Ihn noch fragen müssen, um überhaupt argumentieren zu können, ergeben sich die alterozentrierten Argumente dann von selbst.

Die Reihenfolge der Frageformen ist für den Erfolg entscheidend. Wenn Sie z.B. gegen Ende des Gesprächs eine offene Frage stellen, provozieren Sie nur Einwände!

Die folgende Matrix stellt eine Fragestrategie für ein Überzeugungsgespräch dar.

| Frageform | Vorteile | Nachteile | Anwendung |
|---|---|---|---|
| **Suggestiv-Frage** Unterstellung (auch, etwa) | Solidarisie-rung Beziehung Sympathie | bei falscher Unterstellung **⇒ Konflikt** keine Infor-mation | ⇒ Vertrauen **! VORSICHT !** |
| **Retrospek-tive Frage** W-Frage: Wertungen über vergan-gene Situatio-nen | viel Informa-tion | kein Einfluss auf Informa-tion | zu Beginn ⇒ Wert-systeme ⇒ Grund-einstellung |
| **Projektive offene Frage** W-Frage: Wertungen über andere Personen | viel Informa-tion | kein Einfluss auf Inhalt | zu Beginn ⇒ Wert-systeme ⇒ Grund-ein-stel-lung |
| **Indirekte of-fene Frage** W-Frage: Wertungen über andere Situationen | viel Informa-tion | kein Einfluss auf Inhalt | zu Beginn ⇒ Motive |
| **Direkte of-fene Frage** W-Frage | viel Informa-tion | kein Einfluss auf Inhalt | ⇒ Information |

| | | | |
|---|---|---|---|
| **Geschlos-sene Frage** Beginn mit Verb | kurze klare Antwort | wenig Infor-mation bei „nein" ⇒ **Konflikt** | ⇒ Kontrolle ⇒ Bestäti-gung |
| **Alternativ-Frage** A1 oder A2 | Steuerung | wenig Infor-mation bei falscher Alternative ⇒ **Konflikt** | ⇒ Entschei-dungsvor-bereitung |
| **Motivgesteu-erte Alterna-tiv-Frage** A1 oder MA2 | Steuerung in gewünschter Richtung | wenig Infor-mation bei falschem Motiv ⇒ **Konflikt** | ⇒ Entschei-dung |

**Beispiele:**

| Frageform | Beispiel „Immobilienkunde" |
|---|---|
| **Suggestiv-Frage** Unterstellung (auch, etwa) | Haben Sie auch ein GPS auf Ihrem Schiff? Ist dieses Bild von Picasso? Ist Ihr Segelschiff aus Holz? |
| **Retrospektive Frage** W-Frage: Wertun-gen über vergan-gene Situationen | Welche Erfahrungen hatten Sie bisher mit Ihren Immobilien? |

| | |
|---|---|
| **Projektive offene Frage**<br><br>W-Frage:<br>Wertungen über andere Personen | Was schätzen Sie an den Immobilien, die Sie schon haben? |
| **Indirekte offene Frage**<br><br>W-Frage:<br>Wertungen über andere Situationen | Warum – glauben Sie – werden heute so viele Immobilien gekauft?<br>Wie schätzen Sie die Entwicklung der Inflation ein? |
| **Direkte offene Frage**<br><br>W-Frage | Was halten Sie von dieser Wohnung? |
| **Geschlossene Frage**<br><br>Beginn mit Verb | Entspricht diese Wohnung Ihren Vorstellungen?<br>Gefällt Ihnen die Lage der Wohnung? |
| **Alternativ-Frage**<br>A1 oder A2 | Was ist für Sie wichtiger, der Preis oder die langfristige Werthaltung? |
| **Motivgesteuerte Alternativ-Frage**<br>A1 oder MA2 | Was ist Ihnen wichtiger, der günstige Preis oder -wenn Sie an die Wirtschaftskrise denken- nicht doch die langfristige Werthaltung? |

50

**Wer richtig fragt, führt**

**Denkzettel: Fragetechnik**

- Wenn Sie gut fragen, bekommen Sie gute Antworten
- Mit indirekten oder projektiven Fragen erfahren Sie die Hintergründe
- Nur der Empfänger entscheidet, ob ein Argument gut ist

# Führungsfähigkeit

## Fachkompetenz ist selbstverständlich, erfolgreich macht Sie Ihre Sozialkompetenz

Egal, ob Sie ein Team, eine Abteilung oder ein Unternehmen führen, Ihre Fachkompetenz alleine reicht nicht aus, um eine gute Führungskraft zu sein.

Neben der Fachkompetenz brauchen Sie noch eine ganze Palette an Fähigkeiten, die in der Regel unter dem Sammelbegriff Sozialkompetenz zusammengefasst werden. Letztlich brauchen Sie die Sozialkompetenz, um Ihre Fachkompetenz anwenden zu können.

Wenn Sie Ihren Mitarbeiter spüren lassen, dass Sie eine höhere Fachkompetenz als er haben, ist das für ihn ein starker Demotivator. Wie soll er Punkte machen, wenn Sie alles besser wissen. Wenn Sie dagegen besser Situationen beurteilen, besser und schneller entscheiden, mehr Verantwortung übernehmen, ihm Rückendeckung geben usw., gewinnen Sie persönliche Autorität und die erleichtert Ihre Führungsaufgabe wesentlich stärker, als wenn Sie nur „Vorgesetzter" sind.

### Sozialkompetenz

Wenn Sie einen Berufsanfänger bei seiner tagtäglichen Arbeit beobachten, werden Sie feststellen, dass er 70 - 90% seiner Zeit damit verbringt, das Know-how, das er in seiner Ausbildung erworben hat, anzuwenden.

Wenn Sie einen Geschäftsführer bei seiner tagtäglichen Arbeit beobachten, werden Sie feststellen, dass die Fachkompetenz bei der Erledigung seiner Aufgaben fast keine Rolle mehr spielt. (Nur 40% der Vorstände und Geschäftsführer sind im Wissensbereich Ihres Studiums tätig.) Im oberen Bereich der Unternehmenshierarchie haben sie Aufgaben wie Präsentieren, Besprechungen leiten, Mitarbeitern Kompetenzen zuordnen, Strategien entwickeln usw., usw., dafür benötigen sie überwiegend Sozialkompetenz.

Wenn Sie sich im Laufe Ihres Berufslebens darauf beschränken, Ihr Fachwissen zu erweitern und zu vertiefen, werden Ihre Chancen im Unternehmen Karriere zu machen, sehr begrenzt sein. Es greift das Peterprinzip:

**Die längste Verweildauer ist in der Funktion der höchsten Inkompetenz.**

(Bei fast allen Unternehmen, die neben einer Managementlaufbahn auch eine Fachlaufbahn eingerichtet haben, sind die Karrierechancen der Mitglieder der Fachlaufbahn nach oben begrenzt.)

Erfolgreiche Menschen haben im Laufe Ihres Berufslebens - bewusst oder unbewusst - ihre Sozialkompetenz erweitert und vertieft. Mitarbeiter mit Fachkompetenz können Sie am Arbeitsmarkt in der Regel bekommen. Sozialkompetenz muss sich jeder selbst aneignen.

Bei der Bewerberauswahl werden die Komponenten der Sozialkompetenz, die von dem Kandidaten erwartet werden, in Anforderungsprofilen zusammengestellt. Anschließend treiben die Unternehmen in der Regel sehr viel Aufwand, um die Sozialkompetenz zu messen. Sie machen Assessment-Center, Strukturierte Interviews, Management Audits, Tests, Stressinterviews, graphologische Gutachten, usw. usw.

Selbst an den Universitäten werden die Lehrstühle jetzt nicht mehr nur über die Fachkompetenz bzw. die wissenschaftliche Kompetenz besetzt. Lehrstühle heißen heute häufig z.B. „Physik und Didaktik der Physik" oder „Mathematik und Didaktik der Mathematik"

Mit der Höhe der Verantwortung steigen die Anforderungen an die Qualität und die Quantität der Sozialkompetenz.

FK Fachkompetenz      SK Sozialkompetenz

## Komponenten der Sozialkompetenz (Beispiele)

| | |
|---|---|
| Selbst-marketing | Jeder **Mitarbeiter** muss in der Lage sein, das Bild, das sein soziales Umfeld von ihm hat, so zu gestalten, dass es seiner Weiterentwicklung dient. Nur das Bild, das andere von ihm haben, macht ihn erfolgreich. |
| Überzeu-gungs-fähigkeit | Jeder **Mitarbeiter** muss seine Kollegen und seine Führungskraft für seine Ideen und Vorschläge begeistern können |
| Rhetorische Fähigkeiten | Jeder **Mitarbeiter** muss seine Arbeitsergebnisse so präsentieren können, dass sie vom Auftraggeber akzeptiert werden. |
| Konflikt-fähigkeit | Jedes **Teammitglied** muss in der Lage seine Konflikte, die unvermeidbar sind, mit minimalem emotionalem Aufwand zu bewältigen., |
| Kritik-fähigkeit | Jedes **Teammitglied**, muss Fehler und Fehlverhalten so korrigieren können, dass nur die Sache und nie die Person kritisiert wird. |
| Feedback-sicherheit | Jedes **Teammitglied** muss auf Rückmeldungen über sein Verhalten oder seine Person so reagieren können, dass er möglichst viele Rückmeldungen bekommt. |

| | |
|---|---|
| Beurtei-lungs-fähigkeit | Jede **Führungskraft** muss in der Lage sein, die Aufgaben, die sie delegiert, und die Mitarbeiter, die diese erledigen sollen, so einschätzen zu können, dass sie den Mitarbeiter motivieren, für diesen eine Herausforderung darstellen und lösbar sind. |
| Entschei-dungs-fähigkeit | Jede **Führungskraft** muss unverzüglich, schnell und nachvollziehbar entscheiden können. |
| Verantwor-tungs-fähigkeit | Jede **Führungskraft** muss zu dem stehen, was sie unternommen oder unterlassen hat. |
| Innovations-fähigkeit | **Unternehmensleiter** müssen entscheiden können, welche neuen kreativen Ideen im Sinne der Unternehmensziele umgesetzt werden können. |
| Strategi-sches Denken | **Unternehmensleiter** müssen „aus der Zukunft" lernen, d.h. Sie antizipieren die zukünftigen Rahmenbedingungen ihres Marktes und leiten daraus die Entwicklungsschritte für Ihr Unternehmen ab. |
| Intuition | **Unternehmensleiter** trainieren Ihr Gehirn darauf, dass es vorhandene Informationen besser vernetzt, so dass sie „aus dem Bauch" heraus richtige Entscheidungen treffen können. |

Alle Komponenten der Sozialkompetenz sind lernbar

- Fachkompetenz können Sie immer „einkaufen".
- Sozialkompetenz müssen Sie sich selbst „erarbeiten"

Wenn Sie in einem Unternehmen und im Privatleben erfolgreich sein wollen:

Erweitern Sie ständig Qualität und Quantität Ihrer Sozialkompetenz.

© Cartoon
Erik Liebermann

## Ohne Sozialkompetenz bleiben Sie immer Knecht

**Denkzettel: Führungsfähigkeit**

- Ihre Sozialkompetenz macht Sie erfolgreich
- Die Intelligenten Faulen führen die dummen Fleißigen
- Autorität ist die Fähigkeit die Zustimmung anderer zu bekommen
- Der Mitarbeiter wird so, wie Sie Ihn führen
- Sozialkompetenz schafft persönliche Akzeptanz
- Autoritäres Verhalten ist eine Kompensation von fehlender persönlicher Autorität

# Gesund Denken

## So denken wir uns krank:

Unser Gehirn (konkret, die Amygdala in unserem Stammhirn,) unterscheidet nicht, ob Sie etwas tatsächlich tun bzw. erleben, ob Sie es denken oder ob Sie es sich nur vorstellen.

Wenn Sie oft an Krankheiten denken, über sie sprechen, sich Sorgen um Ihre Gesundheit machen usw., programmieren Sie Ihr Vegetativum, das heißt Ihren Körper, auf „krank sein".

Wenn andere, von Ihren Krankheiten erzählen, und Sie hören zu, schaden Sie diesen und sich selbst. Wechseln Sie das Thema oder sagen Sie klar und deutlich, Sie wollen über Krankheiten nicht sprechen, um gesund zu bleiben.

Mit negativen Vorsätzen erreichen Sie genau das Gegenteil von dem, was Sie erreichen wollen: Wenn Sie sich z.B. vornehmen „Ich will nicht mehr rauchen", werden Sie feststellen, dass sofort eine Zigarette als Bild vor Ihnen auftaucht, und Ihr Bedürfnis zu rauchen, wird zunehmen.

Vorschlag. Hören Sie kurz das Lesen auf, machen eine kleine Pause und konzentrieren sich in dieser Pause darauf, dass Sie nicht an einen Elefanten denken - Ist es Ihnen gelungen?!

Die neurophysiologische Erklärung zeigt: Das „nicht" landet in der linearlogischen Hemisphäre des Gehirns und der Elefant in der assoziativen. Die beiden Hemisphären kommunizieren in der Regel nicht miteinander. Dadurch entsteht der Vorsatz „Ich will rauchen". (Sagen Sie bitte nie mehr zu Ihrem Kind „Lauf nicht auf die Straße!", oder zu Ihrem Mitarbeiter „Machen Sie nicht wieder diesen Fehler!". Sie können alles positiv formulieren z.B. „Bleib auf dem Gehweg" oder „Verwenden Sie die neue Lösung".)

## So denken Sie sich gesund

Nutzen Sie Ihre Gedanken und Ihre Fantasie, um ein gesundes und erfülltes Leben zu gestalten.

Ein paar Beispiele:
Machen Sie eine Liste mit allen Aktivitäten, Urlauben, Änderungen im Unternehmen usw. usw. die Sie machen werden - weil Sie noch lange gesund und geistig aktiv sind- und machen Sie von diesen Vorhaben mentale Filme, und Sie werden erleben, dass Ihr Körper sich darauf einstellt, noch lange mit Ihnen Spaß zu haben. (Menschen mit einer positiven, zukunftsorientierten Einstellung haben eine Lebenserwartung, die statistisch 15 Jahre höher liegt als Menschen mit einer pessimistischen Einstellung.)

Stellen Sie sich z.B. vor, wie Sie Ihren 100. Geburtstag zusammen mit Ihren Freunden feiern.

Wenn Sie krank sind, stellen Sie sich z.B. vor, wie Sie bald mit Freunden eine wunderschöne Fahrradtour an der Donau entlang machen.

Wenn negative Gedanken (Ängste, Sorgen, Gedanken an Krankheiten) aufkommen sollten, schalten Sie sofort auf einen Ihrer positiven mentalen Filme um oder machen Sie irgendwelche Pläne, und Ihr Hormonhaushalt bleibt im gesunden Bereich.

Wenn es Ihnen psychisch nicht so gut geht, erinnern Sie sich an eine wunderschöne Situation aus Ihrer Vergangenheit, erleben diese noch einmal und Sie werden erleben, wie Ihr Körper die gleichen Hormone schüttet, wie damals - und es geht Ihnen wieder gut.

Machen Sie sich ein ganzes Programm an gesundmachenden mentalen „Filmen", die Ihnen Spaß bringen und gute Laune machen. Wichtig ist, dass alle mentalen Filme positiv sind und vor allem positiv enden!

**Wenn es „Eingebildete Kranke" gibt,
muss es auch „Eingebildete Gesunde" geben.**

© Cartoon
Erik Liebermann

## Positive Gedanken machen gesund

**Denkzettel: Gesund Denken**

- **Ihre Gedanken entscheiden über Ihre Gesundheit**
- **Die Kraft der Gedanken wirkt wie eine Medizin**
- **Alles, worüber Sie sich Gedanken machen wird wichtiger**
- **Ersetzen Sie Gedanken über Krankheit durch Gedanken über Gesundheit**
- **Schlafen Sie mit schönen Gedanken ein**
- **Beginnen Sie jeden Tag mit einem schönen Gedanken**
- **Es ist unglaublich wieviel Kraft Ihre Gedanken Ihrem Körper verleihen können**
- **Ihre Gesundheit hängt von der Beschaffenheit Ihrer Gedanken ab**
- **Positive Gedanken stärken Ihr Immunsystem**

# Gesunde Mitarbeiter

## Sorgen Sie für die Gesundheit Ihrer Mitarbeiter

Die Schulmedizin in Deutschland kümmert sich fast ausschließlich um die Pathogenese, d.h. sie erforscht die Ursachen und Risiken für Krankheiten, um diese, bzw. ihre Symptome, behandeln zu können.

100% aller Krankheiten sind psychosomatisch (Körper und Psyche beeinflussen), und 80% aller Krankheiten sind psycho- oder soziogen.

Die deutsche Schulmedizin definiert Gesundheit als das «Fehlen von Krankheit und Gebrechen». Die WHO (Weltgesundheitsorganisation) definiert Gesundheit als den "Zustand des vollständigen körperlichen, geistigen und sozialen Wohlbefindens und nicht allein das Fehlen von Krankheit und Gebrechen".

Wenn Sie überlegen, dass z.B. ein deutscher Konzern 100 Mio. € für Lohnfortzahlung für kranke Mitarbeiter ausgibt und nur 3 Mio. € für die Prävention, dann können Sie ermessen, welche Kosteneinsparungen in diesem Bereich noch möglich sind. Dazu kommt die Wertschöpfung, die die fehlenden Mitarbeiter bei Anwesenheit zusätzlich bringen würden.

Viele Menschen, die eindeutigen Gesundheitsrisiken ausgesetzt sind, - z.B. Rauchen, Krankenpflege, Grippewellen, Epidemien, Arbeitsstress usw., usw. - bleiben gesund, obwohl das gesamte Umfeld krank wird.

Fördern Sie in Ihrem Unternehmen das soziale, geistige und körperliche Wohlbefinden, d.h. die Grundlage für die Gesundheit Ihrer Mitarbeiter, und verbessern Sie damit die Anwesenheitsquote in Ihrem Unternehmen.

# Salutogenese: Ressourcen für Gesundheit

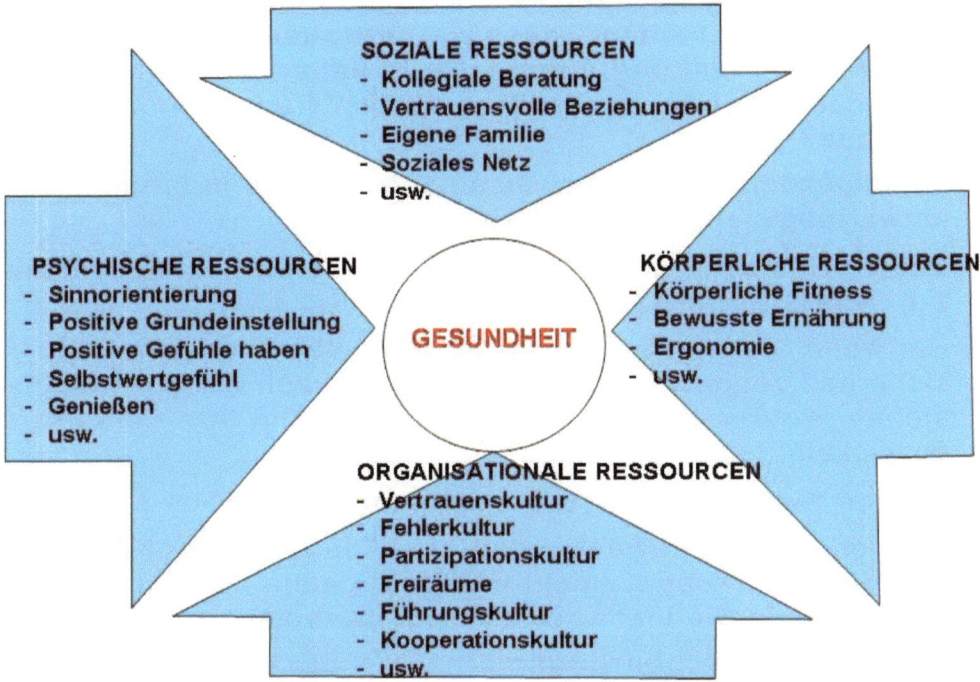

## Organisationale Ressourcen

Eine Organisation kann sehr viel zur Gesundheit ihrer Mitarbeiter beitragen. Es besteht z.B. ein direkter Zusammenhang zwischen dem Führungsstil in einem Unternehmen und der Anwesenheitsquote. Jede Anwesenheitsquote unter 98% ist durch Änderung des Führungsstils und der Unternehmenskultur zu verbessern.

Organisationen haben die Aufgabe, viele Menschen unter einem gemeinsamen Ziel zu vereinen. Organisationen sind in der Regel träge, und Veränderungen in Organisationen sind schwer umzusetzen. Deshalb müssen alle wichtigen Komponenten der Organisation - z.B. alle, die der Gesundheit der Mitarbeiter dienen - als „Kultur" im ganzen Unternehmen manifestiert und gelebt werden.

## Vertrauenskultur

Für die emotionale Stabilität und Sicherheit Ihrer Mitarbeiter, ist es entscheidend, dass sie Vertrauen in die Unternehmensführung und ihre Führungskraft haben. Stress entsteht nicht durch viel Arbeit, sondern durch Verunsicherung und fehlendes Vertrauen.

Mit folgenden Verhaltensweisen schaffen Sie in ihrem Verantwortungsbereich eine Vertrauenskultur.

### Entscheiden Sie schnell und eindeutig und verantworten Sie, was Sie tun oder unterlassen.

Nur wenn Sie als Führungskraft, Entscheidungsstärke und -sicherheit zeigen und zu den Konsequenzen Ihres Handelns stehen, werden Ihre Mitarbeiter Vertrauen in Ihre Person entwickeln.

### Achten Sie auf Ihre Glaubwürdigkeit

Machen Sie alle Zuwendungen, wie Anerkennung, Kritik, private Gespräche usw., nicht von Ihrer Laune abhängig, sondern handeln Sie hier sachlich und strategisch.

### Halten Sie Vereinbarungen ein

Alle Vereinbarungen und Versprechen werden wertlos, wenn Sie sie gelegentlich nicht einhalten. Wenn Sie eine Vereinbarung nicht einhalten können, informieren Sie die Betroffenen rechtzeitig darüber.

### Informieren Sie umfassend und zeitnah

Vor allem negative und schlechte Informationen sollten Sie umgehend Ihren Mitarbeitern zur Verfügung stellen. Wo Information fehlt, entstehen Gerüchte, und die sind immer schlimmer als die Wahrheit.

# Nachhaltigkeitskultur

Für die Gesundheit Ihrer Mitarbeiter ist es wichtig, dass sie ein Gefühl der emotionalen Sicherheit entwickeln können.

- Bieten Sie Ihren Mitarbeiter zwischendurch Tätigkeitsfelder, in denen sie angst-, risiko- und stressfrei handeln können.
- Legen Sie Wert darauf, dass zu wichtigen Key-Account-Kunden langfristige vertrauensvolle Bindungen bestehen.
- Sorgen Sie dafür, dass zu einigen Lieferanten langfristige vertrauensvolle Beziehungen bestehen.
- Sorgen Sie dafür, dass Ihre strategischen Maßnahmen dem Grundgedanken der Nachhaltigkeit folgen.
- Organisieren Sie Changemanagement-Maßnahmen, die von den Mitarbeitern mitgetragen und auch umgesetzt werden.
- Achten Sie darauf, dass ein Teil der Mitarbeiter - vor allem solche, die für gute Atmosphäre sorgen, die integrierend wirken, die den Unternehmensspirit in sich tragen - langfristig im Unternehmen sind und bleiben.

# Führungskultur

Mitarbeiter autoritär zu führen, gefährdet die Gesundheit (und reduziert die Leistung).

Mitarbeiter, die Wertschätzung erleben und sich geachtet fühlen, bleiben gesund.

Wenn Sie gesunde Mitarbeiter haben wollen, beachten Sie folgende Grundgedanken für die Mitarbeiterführung:

- Fordern Sie ihre Mitarbeiter auf, mitzuwirken.
- Setzen Sie sich mit den Ideen und Vorschlägen ihrer Mitarbeiter auseinander.
- Machen Sie Betroffene zu Beteiligten.
- Erläutern Sie bei allem, was Sie erreichen wollen, den Sinn.

- Sorgen Sie dafür, dass Ihre Mitarbeiter die vereinbarten Ziele akzeptieren.

- Treffen Sie Vereinbarungen; d.h. Ihr Mitarbeiter macht Ihnen einen Vorschlag und Sie bestätigen ihn.

- Interessieren Sie sich für alles, was Ihren Mitarbeitern wichtig ist: ihre Arbeit, Ideen, Hobbies, ihr Privatleben usw...

- Fragen Sie Ihre Mitarbeiter nach ihrer Meinung, vor allem zu Themen, die für Sie beide relevant sind.

- Geben Sie Ihren Mitarbeiter einen Vertrauensvorschuss.

- Trauen Sie Ihrem Mitarbeiter etwas zu und fordern Sie sie.

- Erarbeiten Sie bei allen Ergebnissen oder Zwischenergebnissen den Anteil Ihrer Mitarbeiter am Erfolg.

## Fehlerkultur

Schuldgefühle, Schlechtes Gewissen und die Angst Fehler zu machen, sind die Folgen einer destruktiven Kritikkultur und sind wesentliche Ursachen für Stress und Somatisierungen.

Mitarbeiter, die aus Angst vor Kritik nichts riskieren, sich absichern, keine Fehler machen wollen usw., sind für jedes Unternehmen eine Belastung und bringen wenig Wertschöpfung. Mitarbeiter, die handeln, machen Fehler.

- Belohnen Sie Mitarbeiter, die eigene Fehler offenbaren.

- Sanktionieren Sie Mitarbeiter, die eigene Fehler kaschieren.

- Niemand darf denselben Fehler zweimal machen.

- Wenn Sie einen Fehler korrigieren, kritisieren Sie nie den Mitarbeiter, sondern nur die Sache.

- Den Vorschlag für die Änderung und die Korrektur des Fehlers macht immer der betroffene Mitarbeiter.

Um fehlertolerante Mitarbeiter zu verhindern, gilt:

**Schaffen Sie fehlerfreundliche Systeme!**

## Arbeitskultur

Für die Gesundheit Ihrer Mitarbeiter, ist es wichtig, dass diese sich wie Subunternehmer fühlen und den Eindruck haben, sie können weitgehend selbst bestimmen, wie sie ihre Arbeit in Ihrem Sinne gestalten. (Zu Hause bauen sie ja auch eigenständig - evtl. mit der Hilfe von Freunden - ihr Haus. Würde ein Unternehmen ein vergleichbares Risiko eingehen?)

Mitarbeiter bleiben motiviert und bringen überdurchschnittliche Leistung, wenn sie

- den Eindruck haben, dass sie eigene Ziele umsetzen
- dass sie sinnvolle Aufgaben erledigen
- dass sie ihre Fähigkeiten und Erfahrungen nützen können
- dass sie eigene Erfolgserlebnisse haben
- dass sie alle Befugnisse haben, um ihre Aufgaben ohne Rückfragen erledigen können
- dass ihnen Vertrauen entgegengebracht wird
- dass sie ihre Arbeitszeit selbst bestimmen können
- dass sie den Arbeitsort selbst bestimmen können (z.B. Home-Office)
- dass sie ausreichende Freiräume haben
- dass sie ausreichende Kompetenzen haben
- dass sie bei Visionen und Sinngebung mitwirken können
- dass sie ihre Erwartungen einbringen können

Je autonomer Ihre Mitarbeiter für Sie arbeiten können, desto eigenständiger und erfolgreicher werden sie - und damit auch Sie selbst.

# Konzentrationskultur

Wenn Mitarbeiter bei wichtigen Arbeiten durch Telefonate, Besuche von Kollegen, Kurzbesprechungen, Cheftermine usw. gestört werden, bedeutet das zum einen Stress, zum anderen Minderleistung.

Wenn Ihre Mitarbeiter wichtige Aufgaben störungsfrei und konzentriert erledigen können, liefern sie gute Ergebnisse und sind erfolgreich – ein wichtiger Faktor für die Gesundheit.

Schaffen Sie täglich eine „Stille Stunde", in der jede Art von Störung tabu ist.

Damit Ihre Mitarbeiter abschalten und regenerieren können, sorgen Sie dafür, dass z.B. abends/nachts und an Wochenenden keine dienstlichen Telefonate und Mails stattfinden.

Verhindern Sie, dass Mitarbeiter am Wochenende Arbeit mit nach Hause nehmen.

Erholte Mitarbeiter sind produktiver und gesünder.

## Soziale Ressourcen

Menschen sind soziale Wesen, fühlen sich in einem biophilen (lebensbejahenden) Umfeld wohl und sind bereit, gemeinsam mit anderen und mit Spaß an der Arbeit engagiert zu arbeiten.

Hilfe oder Anordnungen von der Führungskraft erleben Mitarbeiter häufig als Demütigung - Hilfe von Kollegen dagegen können Sie ohne Gesichtsverlust akzeptieren.

### Wir-Gefühl

Mitarbeiter, die mit vielen Ihrer Kollegen befreundet sind, gehen gerne zur Arbeit, ihnen macht die Arbeit Spaß und sie sind bereit, gemeinsam Sonderleistungen zu bringen.

Unterstützen Sie alle Aktivitäten Ihrer Mitarbeiter, die die Vernetzung Ihrer Mitarbeiter fördern. Gut geeignet dafür sind alle Mannschaftssportarten wie Fußball, Handball, Kegeln usw.

Fördern Sie jede Feier, die die Mitarbeiter selbst organisieren wollen - wie Weihnachtsfeiern, Firmenfeste, Floßfahrten usw.

Das alles findet außerhalb der Arbeitszeit statt und muss auf alle Fälle freiwillig sein.

Sehr wichtig: Feiern Sie mit Ihren Mitarbeitern Erfolge. Wenn ein großes Projekt erfolgreich abgeschlossen ist, wenn ein großer Auftrag unterschrieben ist, wenn eine neue Filiale eröffnet ist, setzen Sie sich - während der Arbeitszeit - mit Ihren Mitarbeitern zusammen und feiern sie gemeinsam das Ereignis.

Mitarbeiter, die gerne zur Arbeit gehen und sich auf die Zusammenarbeit mit ihren Kollegen freuen, bleiben gesund.

## Erfahrungsaustausch

Generell lohnt es sich immer, Erfa-Gruppen (Erfahrungsaustausch) zu organisieren, in denen sich Kollegen mir vergleichbarer Tätigkeit gegenseitig über Prozessabläufe, Vorgehensweisen und Strategien austauschen und beraten.

## Kollegiale Beratung

Wenn ein Projekt stockt, eine Kunde nicht zum Abschluss kommt, ein verantwortlicher Mitarbeiter nicht mehr weiter weiß usw., fällt es einem Mitarbeiter häufig schwer, damit zur Führungskraft zu gehen. Sein Image würde leiden, er würde sich als Versager erleben usw. und damit ist für Somatisierungen die Türe offen. Außerdem steht der Führungskraft auch nur ihr eigener Erfahrungshorizont zur Verfügung, und damit ist die Qualität der Unterstützung durch die Führungskraft begrenzt. Darüber hinaus übernimmt die Führungskraft - sobald sie einen eigenen Vorschlag macht - die Verantwortung für das weitere Vorgehen, und dem Mitarbeiter ist die Rückdelegation gelungen.

Hier greift die Kollegiale Beratung.

Lassen Sie zu, dass der Mitarbeiter sich mit Kollegen zusammensetzt, den anderen die Situation schildert und sich von diesen beraten lässt. Diese Ratschläge sind nicht autoritär, d.h. der Mitarbeiter kann sich mit ihnen auseinandersetzen und bleibt in der Verantwortung.

Wenn Sie die Kollegiale Beratung institutionalisieren wollen, empfiehlt sich folgende Vorgehensweise (z.B. in einer ERFA Gruppe):

- Der ratsuchende Mitarbeiter schildert die Situation - evtl. werden Verständnisfragen gestellt.

- Die Kollegen machen Lösungsvorschläge. Diese werden nur gesammelt, nicht bewertet. Geeignet ist hier die Kreativitätstechnik „Poolwriting".

- Die gesammelten Lösungsvorschläge werden bewertet und nach Priorität geordnet.

- Die Lösungsvorschläge werden in der Reihenfolge Ihrer Priorität solange gemeinsam operationalisiert, bis sich ein geeigneter Vorschlag herauskristallisiert.

- Der ratsuchende Mitarbeiter berichtet später seinen Kollegen über das Ergebnis.

- Bei größeren Problemen lohnt es sich, einen internen oder externen Moderator einzusetzen.

**Autonome Teams**

Teams, in denen die Mitarbeiter sich gegenseitig unterstützen, in denen konstruktive Zusammenarbeit selbstverständlich ist und in denen sich alle Teammitglieder gleichwertig fühlen, sind erfolgreicher, und die Anwesenheitsquote ist höher.

In biophilen autonomen Teams macht die Zusammenarbeit Spaß. Die Teammitglieder erleben gemeinsame Erfolge, sie unterstützen sich gegenseitig, sie erleben eine weitgehend stressfreie Arbeitsgestaltung und bringen deswegen mehr Leistung als geführte Teams.

Sorgen Sie dafür, dass Ihre Teams sich weitgehend selbstbestimmt organisieren, die Aufgaben im Team selbst aufteilen, die Prozesse selbst operationalisieren.

Bei autonomem Team verzichtet die Führungskraft weitgehend auf ihre Weisungsbefugnis und überträgt dem Team ausreichend Eigenverantwortung. Sie selbst ist nur mehr als Koordinator oder Moderator tätig.

Bieten Sie Ihren Teams professionelle Hilfe an, damit sie möglichst schnell und konfliktfrei den Zustand einer biophilen Teamreife erreichen.

Unterstützen Sie die Bildung von
sich weitgehend selbststeuernden Teams!

## Psychische und mentale Ressourcen

Die mentale Fitness umfasst sowohl die psychische Stabilität und Flexibilität als auch die geistige Leistungs- und Lernfähigkeit und stellt die Basis für das heute so wichtige lebenslange Lernen dar.

Fordern Sie die Mitarbeiter über ihre geistigen, inhaltlichen und fachlichen Grenzen hinaus. nur so können Sie deren Grenzen kennenlernen.

Damit Ihre Mitarbeiter geistig und mental fit bleiben, können Sie folgendes unternehmen:

- Lassen Sie neue Verfahren ausprobieren.
- Starten Sie Sonderprojekte.
- Wechseln Sie die Aufgabengebiete.
- Starten Sie interdisziplinäre Projekte.
- Bestehen Sie darauf, dass Ihre Mitarbeiter -statt in Bedenken- in Lösungen denken.
- Fordern Sie Widerspruch heraus.
- usw.

Mentale Fitness ist die beste Prophylaxe
gegen „alte" Mitarbeiter

## Geistige Fitness

Statements zur Veränderung geistiger Fähigkeiten bei Menschen:

- Wenn wir unserem Gehirn keine Herausforderungen und Reize anbieten, bilden sich die ungenutzten Nervenbahnen zurück.
- Unser geistiger Arbeitsspeicher verkleinert sich bei mangelnder geistiger Beschäftigung.
- Bei untätigen Menschen oder Menschen, die nur Routinearbeit erledigen dürfen, ist der Arbeitsspeicher bis zu 30% kleiner als bei aktiven Gleichaltrigen.
- In manchen Arealen (z.B. Spiegelneuronen) vermehren sich die Neuronen ein Leben lang.
- Auch die Axone können lebenslang umgebaut und erweitert werden.
- Bei geschädigten Hirnarealen (z.B. nach einem Schlaganfall) übernehmen andere Areale diese Funktion.
- Autoritärer Führungsstil führt zu einer Reduktion der Gehirnaktivität; d.h. für den Erhalt der geistigen Fähigkeiten ist ausreichend Eigensteuerung wichtig.
- Menschen, die neue Aktivitäten entwickeln, aktivieren Teile ihres Gehirns neu.

## Erfolgsanalysen

Wenn ein Mitarbeiter eine Aufgabe erledigt hat, ist es wichtig, eine Erfolgsanalyse zu machen, um den Anteil des Mitarbeiters am Ergebnis herauszuarbeiten - insbesondere, welche seiner Stärken, d.h. Eigenschaften, Vorgehensweisen, Fähigkeiten, Verhaltensweisen, Techniken, Strategien, usw. zum Erfolg geführt oder beigetragen haben.

Erfolgsanalysen haben drei große Vorteile:

- Der Mitarbeiter lernt seine Stärken kennen - und damit auch Sie.
- Sie können gemeinsam Erfolgsstrategien für die Zukunft vereinbaren.

- Erfolgsanalysen tragen wesentlich zur Steigerung des Selbstwertgefühls bei.

Ein stabiles Selbstwertgefühl ist einer der wesentlichen Faktoren für die Stabilität der Gesundheit.

Aus Erfolgen lernt Menschen leichter, schneller und lieber als aus Fehlern!

## Stärken nutzen

Schwächen kompensieren, bringt nur durchschnittliche Leistung

Analysieren Sie die Stärken Ihrer Mitarbeiter - z.B. durch regelmäßige Erfolgsanalysen - und geben Sie den Mitarbeitern Aufgaben, bei denen sie ihre Stärken nutzen können. Sie bekommen dann gesunde und zufriedene Mitarbeiter und hervorragende Arbeitsergebnisse.

Wenn Sie dann am Rande ihrer Stärken systematisch immer wieder neuartige Aufgaben ansiedeln, wird das Stärkenprofil immer umfangreicher.

**„Stärken stärken" bringt hervorragende Leistung!**

## Positive Grundeinstellung

Wenn Sie Mitarbeiter haben, die ihre Intelligenz darauf ausgerichtet haben, Probleme und Schwierigkeiten zu sehen, Bedenken zu äußern, für wichtige Dinge keine Zeit zu haben, Gründe zu finden, warum etwas nicht geht usw., usw., dann haben Sie Mitarbeiter, die wenig Wertschöpfung bringen, häufig krank sind und u.U. andere mit dieser Einstellung anstecken. (Bedenken sind immer mehrheitsfähig!). Das ist „Missbrauch der Intelligenz".

Sie brauchen Mitarbeiter, die ihre Intelligenz für Lösungen verwenden. Hören Sie sich niemals Begründungen für Minderleistung, nicht erreichte Ziele, nicht erledigte Aufgaben usw. an. Bestehen Sie darauf, dass Ihre Mitarbeiter nur mit Lösungen zu Ihnen kommen - dadurch Fördern Sie die positive Grundeinstellung und damit die Ergebnisorientierung Ihrer Mitarbeiter.

Menschen, die eine positive Grundeinstellung haben:
- sind gesünder
- haben ein stabileres Immunsystem
- haben mehr Spaß an der Arbeit
- sind erfolgreicher
- werden älter (statistisch 15 Jahre)
- wirken angenehmer auf ihr Umfeld
- haben mehr gute Freunde
- bekommen mehr Anerkennung und Zuwendung
- bewältigen schwierige Situationen leichter
- haben mehr Freude am Leben

### Sinnstiftung

Menschen, die Ihren aktuellen Aufgaben oder ihrem ganzen Leben einen Sinn geben, - denken Sie an Tüftler, Erfinder, Firmengründer usw. - sind belastbarer, überstehen Krisen besser und werden nicht krank.

### Kurzfristige Sinnerfahrung

Sie können praktisch allen kleineren Aufgaben, Projekten, Key-Account-Kunden, neuen Produkten usw. Sinn geben, wenn Sie die Hintergründe oder die Bedeutung für das Unternehmen usw. erläutern.

Wenn Sie eine Sinnerfahrung an die nächste knüpfen, können Sie bei Ihren Mitarbeitern psychische Belastungen, wie Eintönigkeit, Langeweile, innere Leere – und damit z.B. die Ursachen für Burn-Out - usw. vermeiden.

### Längerfristige Sinnerfahrung

Alle mittel- und längerfristigen Aufgaben, Großprojekte, Kundenorientierung, Erwerben einer Kernkompetenz, usw., können Sie dafür nutzen, Zusammenhänge deutlich zu machen und Strategien aufzuzeigen. Vermitteln Sie bei allem, was Sie erreichen wollen, den Sinn.

Wenn Ihre Mitarbeiter Ihre Aufgaben als sinnvoll erleben, bilden diese eine gute Grundlage für die physische und psychische Gesundheit.

Organisieren Sie Herausforderungen!
Beschäftigung vortäuschen, ist harte Arbeit!

Bore-Out-Kranke zeigen ähnliche Symptome wie Burn-Out-Kranke. Psychische Symptome beider sind z.B. Arbeitsunlust, fehlende Lebensfreude, Schlafschwierigkeiten, Passivität, Niedergeschlagenheit, und körperliche Symptome, wie Sodbrennen, Tinitus, Magenschmerzen, Herzflattern, Müdigkeit usw.

Ursache für den Bore-Out ist quantitative und qualitative Unterforderung. Um gesund zu sein und zu bleiben, brauchen Menschen u.a. Herausforderungen und Erfolgserlebnisse.

Wenn Ihre Mitarbeiter Fähigkeiten oder Eigenschaften besitzen – vielleicht sogar mühsam erworben haben – und sie können diese nicht nutzen, ist der Misserfolg ihr ständiger Partner. Wenn sie zu wenig Kompetenzen haben, um ihre Arbeit eigenverantwortlich zu gestalten und zu erledigen, werden sie immer unzufriedener, usw... Auch der dann häufig gezeigte Aktivismus bringt ihnen keinen Erfolg und ist für sie eher schädlich. Viele unterforderte Mitarbeiter machen Überstunden, um auf diese Weise ein Beschäftigungsimage aufzubauen. (Bei Umfragen geben regelmäßig ca. 30% der Mitarbeiter an, unterfordert oder nicht ausgelastet zu sein.)

Bore-Out-Kranke leiden darunter, dass sie qualitativ hochwertig arbeiten wollen und nicht dürfen.

Abhilfe kann z.B. geschehen durch Job-Enlargement, Job-Enrichment, Empowerment, überlappende Aufgabengebiete.

Sorgen Sie dafür, dass Ihre Mitarbeiter Herausforderungen erleben – ohne sie zu überfordern.

## Entspannungsraum

Immer mehr Menschen haben erkannt, dass das Beherrschen und Praktizieren einer Entspannungstechnik - wie

Autogenes Training, Mentale Entspannung, Yoga usw. - für sie hervorragende Möglichkeiten darstellen, Stressstabilität und damit Gesundheit zu erreichen. Unterstützen Sie alle Möglichkeiten, Entspannungstechnik zu erlernen und - vor allem - bieten Sie einen Entspannungsraum an, in dem Mitarbeiter sich bei Bedarf 5 – 10 Minuten zurückziehen und entspannen können, um ihren Arbeitsspeicher im Gehirn wieder frei zu bekommen, den Hormonhaushalt wieder in den positiven Bereich zu fahren, und damit ihre Kreativität und Intuition zu aktivieren.

## Psychische Beratung

Mitarbeiter, die durch (private oder) dienstliche Gegebenheiten psychisch belastet sind, sind Minderleister und stellen häufig für ihre Kollegen eine zusätzliche Belastung dar. Nur Mitarbeiter, die sich psychisch wohlfühlen, die, wenn sie psychogene oder soziogene Probleme haben, sich aussprechen oder sogar Rat holen können, sind Vollleister und unterstützen ein biophiles Betriebsklima.

Schaffen Sie eine Interne (oder externe) Beratungsstelle für sozio-/psychosomatische Problemstellungen.

## Körperliche Ressourcen

Die körperliche Fitness der Mitarbeiter wird in vielen Unternehmen als Erfolgsfaktor erkannt und entsprechend gefördert.

Die Anwesenheitsquote ist einer der wenig beachteten Faktoren für die Wertschöpfung in Unternehmen. Wenn Sie nur etwas für die körperliche Fitness Ihrer Mitarbeiter tun, kurieren Sie nur an den Symptomen. Sorgen Sie dafür, dass Gesundheit im Unternehmen und von den Mitarbeitern als ganzheitliches Phänomen gesehen wird und sorgen Sie für Gesundheit.

Analysieren Sie andere Unternehmen oder Unternehmensteile, die eine hohe Anwesenheitsquote aufweisen, auf ihre Erfolgsfaktoren für Gesundheit und entwickeln Sie daraus Benchmarks und/oder KPIs für ihr eigenes Unternehmen.

**Was aufbaut, macht gesund**

**Denkzettel: Gesunde Mitarbeiter**

- **Feiern Sie mit Ihren Mitarbeitern deren Erfolge**
- **Fördern Sie Freundschaften zwischen Ihren Mitarbeitern**
- **Kümmern Sie sich um die Gesundheit, dann haben Krankheiten keine Chance**
- **Ihre schlechte Laune ist Sabotage an der Gesundheit Ihrer Mitarbeiter**
- **Wenn Ihre Mitarbeiter ihre Arbeit als sinnvoll erleben bleiben sie gesund**
- **Fragen Sie die gesunden Mitarbeiter, was Sie für die Gesundheit der anderen tun können**
- **Ein gutes Betriebsklima fördert die Gesundheit**

# „Ja" sagen

## Sagen Sie bewusst „ja" und Sie sind zufriedener.

Haben Sie schon einmal erlebt, dass Sie einen schönen Ausflug geplant haben, und dann hat es geregnet und der Ausflug fiel buchstäblich ins Wasser? Haben Sie sich dann über das schlechte Wetter geärgert?

Warum eigentlich? Wenn Sie sich über das Wetter oder über sonst irgendetwas, was einfach so ist, wie es ist, ärgern, verschwenden Sie Ihre Energie an etwas, das Sie nicht beeinflussen können

### Parabel:

Ein Wanderer fragte einen Schäfer:
„Wie wird das Wetter morgen?

Der Schäfer: „So, wie ich es gerne habe."

„Woher wissen Sie, dass das Wetter so sein wird,
wie Sie es lieben?"

„Mein Freund, ich habe gelernt, dass ich nicht immer das bekommen kann, was ich gerne möchte. Also habe ich gelernt, immer das zu mögen, was ich bekomme. Deshalb bin ich sicher: Das Wetter wird morgen so sein, wie ich es mag."

Das alte Gestaltgebet, das es in vielen Sprachen gibt, heißt:

- **Gott gebe mir die Gelassenheit,
  Dinge hinzunehmen, die ich nicht ändern kann,**

- **den Mut, Dinge zu ändern, die ich ändern kann,**

- **und die Weisheit, das eine vom anderen zu unterscheiden.**

Dieses Gebet meint, dass Sie selbst entscheiden müssen, welche Dinge Sie annehmen, wo Sie Ihre Energie einsetzen wollen und wo nicht.

Wenn Sie es schaffen, die Dinge, die Sie nicht ändern können, so anzunehmen, wie sie sind, werden Sie weniger unzufrieden mit der Situation und gelassener sein. Annehmen meint, nicht zu resignieren, sondern mit Gelassenheit und innerem Frieden sich dem zu stellen, was so ist, wie es ist, wie es geschieht oder geschehen ist. Annehmen meint auch, Loslassen und auf Trauern endgültig zu verzichten.

Um zu entscheiden, welche Dinge Sie nicht ändern können, brauchen Sie Ihre Intuition. Nur sie kann die hierfür nötige Güterabwägung leisten. Ihre Intuition liegt subjektiv immer richtig. (Hoffentlich haben Sie Ihre Intuition bewusst trainiert.)

Wenn Sie dann den Mut brauchen, die Dinge zu ändern, die Sie ändern können und wollen, dann ist es wichtig, dass Sie diese Dinge auch wirklich annehmen und dazu uneingeschränkt „Ja" sagen.

„Ja" sagen bedeutet, dass Sie die möglichen Alternativen durchdenken und die aus Ihrer Sicht ungeeigneten, ablehnen. Erst wenn die Alternativen „tot" sind, d.h. Zweifel nicht mehr möglich sind, stehen Ihnen alle Ihre Kräfte und Energien zur Verfügung. Nur, wenn Sie eine Herausforderung ohne Zweifel annehmen, werden Sie Ihre volle Energie zur Verfügung haben und erfolgreich sein.


Ein englisches Sprichwort sagt:

**Chose your battle**

**Statt Leiden: Handeln!**

**Denkzettel:**

- **Nehmen Sie Dinge, die Sie nicht ändern können, wie sie sind**

- **Verschwenden Sie keine Energie mit halbherzigen Entscheidungen**

- **Nur Sie entscheiden, ob Ihr Leben schön ist**

- **Zufriedenheit ist die Folge einer Entscheidung**

- **Die Herausforderung ist unwichtig, der erste Schritt ist entscheidend**

- **Ihr Schicksal ist das Ergebnis Ihrer Entscheidungen**

- **Denken Sie nicht über Dinge nach, die Sie nicht ändern können**

# Job-Rotation

## Erhalten Sie sich Ihre mentale Fitness

Wenn Sie eine neue Aufgabe übernehmen, brauchen Sie ca. ein halbes Jahr, bis Sie sich die zur Erledigung Ihrer operativen Aktivitäten notwendige System- und Managementkenntnis erworben haben.

Anschließend sind Sie etwa 1-2 Jahre in der Lage, Innovationen und Veränderungen, strategische Entwicklungen, Personalanpassungen, Prozessverbesserungen usw. usw. zu initiieren.

Nach insgesamt etwa 3 Jahren haben Sie Ihre Aufgabe im Griff. Sie beherrschen Ihren Job - fast nichts irritiert Sie mehr. Sie kommen immer mehr in die Routine.

Nach etwa 5 Jahren ist Ihre Routine so gefestigt, dass Sie Chancen für Verbesserungen und Veränderungen eher reaktiv als aktiv erkennen und wahrnehmen. Spätestens dann sollten Sie sich ein neues Aufgabengebiet suchen.

Routine verhindert Veränderungen, Innovationen, Verbesserungen, neue Strategien usw.

## Was ist Job-Rotation?

Job-Rotation meint den -häufig zeitlich begrenzten- Wechsel in eine andere Funktion, meistens der gleichen Hierarchieebene. In Unternehmen, die bewusst Generalisten oder Manager entwickeln wollen, werden Mitarbeiter und Führungskräfte beim Aufstieg in einen ganz neuen Aufgabenbereich versetzt (z.B. vom Vertrieb in die Produktion oder von der Verwaltung in den Außendienst usw. usw.).

Ziel der Job-Rotation ist, die Mitarbeiter durch Lernen am Arbeitsplatz zu qualifizieren, die mentale Fitness der Mitarbeiter zu erhalten, die Mitarbeiter breiter zu qualifizieren und den Wissenstransfer zu fördern.

Der Wechsel sollte frühestens nach 3, längstens nach 5 Jahren stattfinden. Je weiter das neue Aufgabengebiet fachlich vom bisherigen entfernt ist, desto mehr Vorteile bringt Job Rotation sowohl Ihnen selbst als auch dem Unternehmen.

In Amerika gilt häufig „357":

Mindestens 3 Jahre im selben Job bleiben,
nach 5 Jahren wechseln,
nach 7 Jahren kündigen.

Im IT-Bereich gilt oft nach 3 Jahren: „Up or Out".

Job-Rotation hat für Sie folgende Vorteile:

- Sie erweitern Ihr Netzwerk
- Sie erhöhen Ihre Kooperationsbereitschaft und -fähigkeit
- Sie lernen, ganzheitlich, prozessbezogen zu denken
- Sie können vom „Spezialisten" zum „Generalisten" werden
- Sie erhöhen Ihre Karrierechancen
- Sie erweitern Ihr Know-how
- Sie erhöhen Ihre geistige Flexibilität
- Sie entfliehen der Monotonie
- Sie erleben Ihre Arbeit abwechslungsreicher
- Sie verbessern Ihren Marktwert
- usw.

**Job-Rotation ist auch für Ihre Gesundheit wichtig**

Der Burn-Out wird gerade vom Bore-Out als Krankheitsursache überholt. Bore-Out hat in vielen Fällen die Routine als Ursache. Diese beinhaltet im Wesentlichen die Komponenten Unterforderung, mentale Monotonie und Desinteresse, mit den Auswirkungen: Lustlosigkeit, Gereiztheit, Frustration usw.- ein offenes Tor für alle psychogenen Somatisierungen.

Um geistig fit zu bleiben und immer neue Herausforderungen zu erleben, bietet Ihnen die Job-Rotation ein breites Feld.

Wenn Sie geistig und mental fit sind, geben Sie den Hauptursachen für Krankheiten, Ängste, Sorgen, Problemen und Schwierigkeiten keine Chance.

Halten Sie sich durch Job-Rotation geistig, mental und damit auch körperlich fit.

So können Sie Ihren Wunsch für Ihre eigene Job-Rotation begründen.

Wenn Sie in einem Unternehmen arbeiten, indem Job Rotation noch nicht als Qualifizierungsinstrument für Mitarbeiter erkannt ist, können Sie als Argumentationshilfe für Ihre eigene Job Rotation auch die Vorteile für das Unternehmen nennen.

Das Unternehmen

- erreicht eine höhere Produktivität
- bekommt bessere KVP oder BVW Prozesse
- erreicht eine höhere Bindung der Mitarbeiter an das Unternehmen
- fördert das unternehmerische Denken der Mitarbeiter
- erhöht den BPI (Brain-Power-Index) des Unternehmens
- baut kulturelle Schranken im Unternehmen ab
- bekommt mehr eigene qualifizierte Anwärter für Spitzenfunktionen
- usw.

© Cartoon
Erik Liebermann

**Job-Rotation hält Sie fit**

**Denkzettel: Job Rotation**

- Suchen Sie einen Job, den Sie spannend finden und lassen Sie sich darauf ein

- Machen Sie aus Ihren Jobs ein Abenteuer

- Ihre Grenzen können Sie nur erkennen, wenn Sie sie Überschreiten

- Ein neuer Job hält Sie geistig fit

# Konfliktmoderation

## Konflikte können die Betroffenen selbst nicht bewältigen.

Die dargestellten Techniken lassen sich sowohl im privaten Bereich, z.B. in Familien, Vereinen, politischen Gruppierungen usw., als auch in Unternehmen, z.B. bei Besprechungen, in Teams, bei Konflikten mit Betriebsräten usw. anwenden.

### Partner bei persönlichen Konflikten

Personale oder Intrapersonelle Konflikte erkennen Sie daran, dass der Betroffene bei diesem Konfliktthema entscheidungsunfähig ist. Da der Betroffene in der Regel selbst nicht in der Lage ist, die Ansprüche und/oder Bedürfnisse zu erkennen, die den Konflikt verursacht haben, kann er seinen auch Konflikt selbst nicht bewältigen. Ihnen, als Außen- stehender, d.h. nicht betroffener Beobachter, fällt das wesentlich leichter, und damit können Sie ihm helfen, seine ursächlichen Ansprüche und Bedürfnisse in autonome Werte zu transferieren.

Ihre Aufgabe als Partner ist es, dem Betroffenen diese nicht-autonomen Beweggründe seines Verhaltens transparent zu machen.

Erst nachdem der Betroffene sich seiner unbewussten Einflüsse bewusst geworden ist , hat er - evtl. mit Ihrer Hilfe - die Möglichkeit, seine internalisierten oder geprägten Einflüsse bewusst in den autonomen Bereich zu übertragen; entweder in Form von Zielbildung oder in Form einer generellen Reflexion seines konfliktträchtigen Wertsystems. Direkte Hilfen in Form von Ratschlägen, Stellungnahmen, Vorschlägen usw. nehmen den Betroffenen aus der Eigenverantwortung, entmündigen den Hilfesuchenden und reduzieren seine Eigeninitiative.

### Nur Hilfe zur Selbsthilfe macht eigenständig

## Vermittler bei einem zwischenmenschlichen Konflikt

Zwei Menschen, die einen zwischenmenschlichen Konflikt haben, erkennen Sie in der Regel daran, dass sie nicht mehr miteinander kommunizieren, d.h. sich entweder aus dem Wege gehen - jede Kommunikation vermeiden - oder aber nur mehr streiten, d.h. sie versuchen, den anderen verbal zu besiegen zu machen. Da die Betroffenen in der Regel selbst aus dieser Kommunikationsunfähigkeit nicht mehr herauskommen, sollten Sie als Vermittler ihnen helfen, ihren Konflikt zu bewältigen.

Die Bewältigung zwischenmenschlicher Konflikte ist nur möglich, wenn jeder der beiden Betroffenen die subjektive Sicht des jeweils anderen, d.h. dessen Wirklichkeit erkennen kann.

Aufgabe des Vermittlers bei einem zwischenmenschlichen Konflikt ist es deshalb, bei den Betroffenen gegenseitiges Verständnis zu erreichen, indem er sie in die Lage versetzt, sich die Wirklichkeit des jeweils anderen transparent zu machen, um auf diese Weise die Basis für eine echte Konfliktanalyse herzustellen. Eine geeignete Möglichkeit, dies zu erreichen, sieht wie folgt aus:

### Schritt 1:

Der Vermittler bittet den Beteiligten A, die Situation, die zum Konflikt geführt hat, aus der Sicht des Beteiligten B darzustellen.

Beispiel: „Herr A versuchen Sie zu erklären, warum Frau B das gemacht hat."

Anschließend bittet der Vermittler den Beteiligten B, die Situation, die zum Konflikt geführt hat, aus der Sicht des Beteiligten A darzustellen. Der Beteiligte B erklärt die Konfliktsituation solange, bis der Beteiligte A zustimmt.

Beispiel: „Frau B erklären Sie doch bitte, warum Sie glauben, dass Herr A so betroffen ist?"

Bei diesem „Sich-in-den-anderen-hineindenken" geschieht

nichts anderes, als der Versuch, die jeweilige subjektive Interpretation der Situation des anderen, d.h. dessen Wirklichkeit, zu erkennen. Das ist die Grundvoraussetzung für jedes gegenseitige Verständnis.

### Schritt 2:

Danach regt der Vermittler die Beteiligten an,-evtl. in Einzelgesprächen- die Konfliktursachen entweder zu eliminieren oder die erkannten unbewussten Einflüsse in den autonomen Bereich zu transformieren

## Moderator bei Teamkonflikten

Bei Konflikten in privaten oder firmeninternen Teams oder Arbeitsgruppen hat der Moderator die Aufgabe, den Betroffenen zu helfen, sich aus Ihrer eigenen Wirklichkeit zu befreien und eine gemeinsame Lösung zu erarbeiten. Hauptaufgabe eines Moderators bei der Konfliktbewältigung ist es, die Zielorientierung, aller Aktivitäten der Teilnehmer auf die Konfliktlösung, zu gewährleisten und die eigene Neutralität zu wahren.

## Moderation: 1. Wahrung der Zielorientierung

### Thema definieren und visualisieren

Die Definition des Themas sollte so präzise und so genau wie irgend möglich sein. Meist ist dazu ein iterativer Prozess, d.h. eine einleitende Diskussion notwendig, um den genauen Inhalt des strittigen Themas zu definieren. Wenn sich das gewählte Thema bei der Moderation als falsch herausstellt, passen Sie es an. Damit die Teilnehmer das Thema stets im Bewusstsein behalten, sollte es für jeden sichtbar auf einer Flip-Chart, einer Projektionswand oder dergleichen jederzeit sichtbar sein.

### Start mit Statements

Alle Teilnehmer oder einzelne Teilnehmer machen eine Aussage zur Sache, die folgende Bedingungen erfüllen muss:

- Es darf keine „Ich-Aussage" verwendet werden, da jede Ich-Aussage automatisch eine persönliche Stellungnahme darstellt.

- Es darf keine „Wir-Aussage" enthalten, da eine Wir-Aussage diejenigen implizit vereinnahmt, die anderer Meinung sind und eine Wir-Aussage damit automatisch zu
einer Unterstellung wird und Widerstand hervorruft.

Das Statement darf keine „man-Aussage" enthalten, da „Man-Aussagen" zum einen unpersönlich wirken, zum anderen moralische Appelle bzw. Aussagen mit allgemeiner Gültigkeit beinhalten.

Ein Statement darf keine modalen Hilfswörter im Konditional enthalten (wollte, sollte, könnte, dürfte), da es keinen Wunsch darstellen soll, sondern eine Tatsache; d.h. das Statement ist eine klare, eindeutige Darstellung der real gegebenen Situation.

### Durch offene Fragen steuern

Offene Fragen sind alle Fragen, die mit einem Fragefürwort beginnen. Sie haben den Vorteil, dass der Antwortende sich frei und uneingeschränkt äußern kann. Geschlossene Fragen sind alle Fragen, die mit einem Verb beginnen. Sie beinhalten implizit immer eine Meinung und lassen es daher nicht mehr zu, dass der Gefragte frei antworten kann.

### Keine Nebenkampf-Schauplätze zulassen

Wenn Teilnehmer beim Konfliktgespräch auf Themen auszuweichen, bei denen sie selbst sehr viel Knowhow haben, um sich dadurch den anderen überlegen zu zeigen, ist es Aufgabe des Moderators, diese durch geeignete Hinweise auf das Hauptthema zurückzuführen.

### Verbalisieren

Verbalisieren bedeutet, dass Sie Aussage des jeweiligen Teilnehmers mit anderen Worten als „Sie"-Aussage wiederholen. (Beispiel: Sie gehen davon aus, dass die neue

Marketingstrategie mehr die Hausfrauen ansprechen soll.)

Dies ist die Hauptstrategie des Moderators, um Beiträge der Teilnehmer zusammenzufassen, auf den Punkt zu bringen und den anderen Teilnehmern zu verdeutlichen, was der Sprechende gemeint hat.

### Konsens festhalten

Die wichtigste Aufgabe des Moderators ist es, den Erkenntnisfortschritt, d.h. die Punkte, die Argumente, bei denen sich alle Teilnehmer einig sind, sichtbar festzuhalten (z.B. an einer Flip-Chart).

### Problemspeicher führen

Es hat sich bewährt, auf einer separaten Flip-Chart alle Argumente und Themen festzuhalten, die nicht zu einem Konsens geführt werden können, bzw. die für die Zielorientierung irrelevant sind.

### Regeln für das Gespräch einführen

Wenn es dem Moderator sinnvoll erscheint, kann er entweder zu Beginn des Prozesses oder auch jederzeit während des Prozesses Regeln einführen, wie z.B. Sprechzeitbegrenzung, Rednerliste usw.

## Moderation: 2. Wahrung der Neutralität

Wenn es dem Moderator nicht gelingt, bei allen Teilnehmern den Eindruck zu erreichen, dass er in der Frage des Konfliktes absolut neutral ist, hat er kaum eine Chance, den Konflikt zur Zufriedenheit aller Beteiligten zu bewältigen.

Dafür gelten folgende Regeln:

### Keine eigenen Vorschläge

Der Moderator darf absolut keine eigenen inhaltlichen Vorschläge machen, da er damit automatisch Partei ergreift.

### Keine Wertungen

Der Moderator darf keine der Argumente oder Stellungnahmen der Teilnehmer, selbst positiv oder negativ bewerten.

### Keine Bevorzugung oder Benachteiligung einzelner Teilnehmer

Es ist wichtig, dass der Moderator dafür sorgt, dass nicht einzelne Teilnehmer zu viel Sprechanteile bekommen, bzw. einzelne Teilnehmer überhaupt nicht Stellung nehmen. Es ist eine seiner wichtigsten Aufgaben, alle in den Prozess zu integrieren.

### Keine „Ich"-Aussagen

Jede „Ich"-Aussage stellt automatisch eine Meinung oder persönliche Stellungnahme dar und ist daher dem Moderator verboten.

### Keine „Wir"-Aussagen

„Wir"-Aussagen des Moderators haben zur Folge, dass Teilnehmer sich von ihm „vereinnahmt" fühlen und das erzeugt Widerstand.

### Keine dominanten Akte zulassen

Der Moderator muss strikt darauf achten, dass einzelne Teilnehmer anderen gegenüber, keine Schuldzuweisungen, keine Vorwürfe, keine Unterstellungen, keine Generalisierungen usw. vornehmen, da dies automatisch zu einer Eskalation des Prozesses führen würde.

### Keine Unterwerfung zulassen

Der Moderator muss auch einschreiten, sobald einzelne Teilnehmer Entschuldigungen, Rechtfertigungen usw. äußern, da damit ein partnerschaftlicher Prozess nicht mehr gewährleistet ist.


## Konfliktbewältigung mit der KDI Methode

Vor allem zwischenmenschliche Konflikte und Gruppenkonflikte lassen sich gut mit der KDI-Methode (Konsens - Dissens - Irrelevanz) aufarbeiten:

Nach jedem von den Teilnehmern geäußerten Argument stellt der Moderator fest, ob alle Beteiligten dem Argument zustimmen, und hält es in einer Liste „Konsens" fest.

Wenn mindestens ein Beteiligter dem Argument nicht zustimmt, wird es in der Liste „Dissens" festgehalten.

Sind alle Teilnehmer sich einig, dass ein Argument für die Konfliktbewältigung keine Rolle spielt, wir es in der Liste „Irrelevanz" festgehalten.

Anschließend untersuchen die Teilnehmer, ob in einem Dissensargument nicht noch ein Teil- Konsens enthalten ist. Dieser Teilkonsens wird in der Konsensliste aufgeführt. Der Teil-Dissens wird neu formuliert und in der Dissens Liste festgehalten.

Die in der Konsensliste aufgeführten Argumente stellen den maximalen Konsens der uneinigen Arbeitsgruppe dar.

Da in den Listen jetzt sowohl Pro- als auch Contra-Argumente aufgeführt sind, stellen die gesammelten Argumente selbst keine Entscheidung dar, sondern sind die Basis für eine echte Güterabwägung.

## Beim Bewältigen von Konflikten brauchen die Betroffenen Hilfe

### Denkzettel: Konfliktmoderation

- **Wer Rat sucht, sucht nur einen Schuldigen**
- **Jeder Ratschlag ist auch ein Schlag**
- **Helfen reduziert die Selbstständigkeit**
- **Hilfe zur Selbsthilfe macht selbstständig**
- **Konfliktmoderation schafft autonome Menschen**
- **Konfliktmoderation schafft autonome Teams**
- **Nutzen Sie gute Freunde als Sparringspartner für Ihre Konfliktbewältigung**

# Konstruktive Kontrolle

Führt eine Kontrolle dazu, dass der Mitarbeiter Minderwertgefühle, Schuldgefühle, ein schlechtes Gewissen entwickelt oder Angst vor der nächsten Kontrolle hat, ist die Türe für Unwohlgefühle und Krankheiten weit offen. Alles, was der Mitarbeiter in sich hineinfrisst, schwächt das Immunsystem und macht ihn krank.

Situative Kontrollen, die nicht vorher vereinbart sind, führen dazu, dass der Mitarbeiter anfängt sich, abzusichern. Gleichzeitige Angst, „nicht auf dem linken Fuß erwischt zu werden", reduziert seine Arbeitsergebnisse um ca. 25%.

Sowohl aus ethischen Gründen (darf ich so kontrollieren, dass die Mitarbeiter krank werden?) als aus ökonomischen Gründen (darf ich so kontrollieren, dass die Mitarbeiter Minderleistung bringen?), ist es wichtig, dass Sie Ihre Kontrolle so gestalten, dass der Mitarbeiter die Kontrolle akzeptiert.

## Konstruktive Kontrolle unterstützt die Zielerreichung

Ziel der Kontrolle ist es, den Mitarbeiter in die Lage zu versetzen, seine zukünftigen Arbeiten besser zu erledigen (Feed Forward).

Der Mitarbeiter hat einen Anspruch auf eine Kontrolle, die seine generelle Zielerreichung unterstützt.

Bei einem negativen Ergebnis der Kontrolle oder Zwischenkontrolle geht es nicht darum, Schuldzuweisungen zu machen oder Ursachenanalyse zu betreiben, sondern eine optimale Lösung für das weitere Vorgehen zu finden.

Der Vorschlag für diese Lösung kommt immer vom Mitarbeiter, sonst öffnen Sie der Rückdelegation Tür und Tor. („Wenn ich nicht weiterweiß, hilft der Chef mir schon.")

Wenn der Mitarbeiter keine Lösung kennt, bekommt er eine Überlebenszeit, um eine Lösung zu finden. (Hilfe zur Selbsthilfe ist zulässig.) So verhindern Sie den nächsten Misserfolg, ohne das Selbstwertgefühl des Mitarbeiters zu reduzieren.

Bei positivem Ergebnis der Kontrolle sprechen Sie die Anerkennung in Form einer Erfolgsanalyse aus, d.h. den Anteil des Mitarbeiters am Ergebnis arbeiten Sie gemeinsam mit dem Mitarbeiter heraus.

Dadurch lernen Sie und der Mitarbeiter sein Stärkenprofil kennen und der Mitarbeiter lernt eigenverantwortlich, d.h. ohne Ihre Unterstützung in Ihrem Sinne tätig zu werden; darüber hinaus steigern Sie sein Selbstwertgefühl.

Wenn Sie bei Ihrer Kontrolle nur auf das Ergebnis achten, können Sie nicht sicher sein, dass die nächsten Ergebnisse wieder geeignet sind. Deshalb ist es wichtig, die Vorgehensweise Ihres Mitarbeiters, d.h. seine Prozesse zu verbessern. Nur dann können Sie sicher sein, dass die weiteren Ergebnisse brauchbar sind.

Wenn Sie dem Mitarbeiter definierte Freiräume zubilligen, kann dieser selbst seine Vorgehensweise variieren und so seine Prozesse verbessern. Er fühlt sich weniger gegängelt und seine Kreativität bleibt erhalten.

Erstes Ziel der Kontrolle ist,
die Eigenverantwortlichkeit der Mitarbeiter zu verbessern.

Zweites Ziel der Kontrolle ist es,
die Prozesse des Mitarbeiters zu verbessern.

## Gestaltung der Kontrolle

- Statt Helfen: Hilfe zur Selbsthilfe
- Vereinbaren Sie mit Ihrem Mitarbeiter Freiräume
- Passen Sie die Zwischenkontrollen an die Erfahrung des Mitarbeiters und die Schwierigkeit der Aufgabe an.

**Ziel**: Der Mitarbeiter arbeitet eigenverantwortlich und kommt von sich aus zur Kontrolle.

**Animimieren statt Kontrollieren**

## Denkzettel: Konstruktive Kontrolle

- **Kontrolle ist Unterstützung**
- **Ziel der Kontrolle ist das Verbessern der Prozesse**
- **Kontrolle ermöglicht Freiräume**
- **Der Mitarbeiter hat einen Anspruch auf Kontrolle**
- **Der Mitarbeiter eigeninitiativ zur Kontrolle**

# Künstliche Intelligenz und Arbeit

**KI-Maschinen sind selbstlernende Systeme.**

**Eine KI-Maschine kann Millionen Arbeitsplätze ersetzen.**

**Die KI kann unvorstellbare Wertschöpfung schaffen.**

**Wir wissen nicht, wann die KI uns überlegen sein wird.**

Wenn man die Aktivitäten der Politiker in Bezug auf die **KI** (Künstliche Intelligenz) bzw. **AI** (Artificial Intelligence) beobachtet, hat man den Eindruck, dass ein Großteil der Politiker die Konsequenzen und Auswirkungen der KI noch nicht verstanden hat.

Z.B. sind heute schon 5 der 10 größten Firmen der Welt bereits nur noch KI-Plattformen und zahlen de facto keine Steuern, Wenn wir es schaffen, die enormen Wertschöpfungen, die die KI erwirtschaftet, zumindest teilweise den Bürgern zukommen zu lassen, dann müssten wir nicht mehr arbeiten, um unseren Lebensunterhalt zu verdienen, wir könnten ohne Erwerbsarbeit auskömmlich leben.

Bei allen Bevölkerungsgruppen, die ohne Arbeit leben, besteht die Gefahr, dass Sie dekadent werden oder Pseudoglücksbringern verfallen

Denken Sie z.B.an die Inuit in Alaska, die vom Staat für ihren Landverlust monatlich eine Entschädigung ausbezahlt bekommen und von denen viele den ganzen Tag vor den Alkoholverkaufsstellen rumhängen; oder denken Sie an die Römer, die die Sklaven arbeiten ließen und selbst zum großen Teil ein dekadentes Leben führten; oder denken Sie an «Neureiche», die von einem Event zum nächsten und von einer Beziehung zur nächsten swingen; oder denken Sie an Menschen, die, wenn sie die Sinnhaftigkeit ihrer Arbeit nicht erkennen, in Depressionen fallen. usw.

Vielen Menschen - auch denjenigen, die mit Ihrer Arbeit unzufrieden sind, - ist oft nicht bewusst, dass Ihre Entgeltarbeit ihnen eine Menge an «Kollateral-Leistungen» liefert, die für Ihre Lebensqualität extrem wichtig sind. Denken Sie nur an Erfolg, Spaß, Freundschaften, Anerkennung usw. usw.

## Die KI gibt unserer Arbeit eine neue Bedeutung

Die KI wird uns so viel Wertschöpfung bringen, dass wir selbst nicht mehr arbeiten müssen, um unseren Lebensunterhalt zu verdienen. Es wird eine Art Grundeinkommen geben. Die Arbeit oder Beschäftigung, wir dann übernehmen, dient dann im Wesentlichen dazu, unsere physische, psychische und körperliche Gesundheit zu garantieren, die geistige Fitness zu erhalten, Sinnstiftung zu gewährleisten und damit Lebensqualität und ein lebenswertes Leben insgesamt zu ermöglichen.

Arbeit ermöglicht uns, selbst zu bestimmen, welche Beschäftigung sie gerne machen wollen.

Arbeit ermöglicht uns dann, uns auszusuchen, mit wem wir zusammenarbeiten.

Arbeit ermöglicht dann, dass in Teams eine positive Kommunikation stattfindet, dass Freundschaften entstehen, dass gemeinsam gelacht wird, und dass Kollegen sich gegenseitige bei personalen und systemischen Konflikten unterstützen.

Arbeit ermöglicht uns dann, durch unsere Arbeit persönliche und soziale Anerkennung zu bekommen.

Arbeit ermöglicht uns dann, eigene Zielvorstellungen zu entwickeln und durch das Erreichen dieser Ziele persönliche Erfolge zu erleben. (Erfolg ist: ein eigenes Ziel erreichen)

Arbeit ermöglicht uns dann, unsere Neugier zu sinnvoll entwickeln und damit lebendig zu bleiben, usw., usw.

Alle diese Komponenten von Arbeit sind notwendig, damit wir die Chance haben, ein lebenswertes und sinnvolles Leben selbst zu gestalten.

## Die KI verändert die Berufsfelder

Wichtig ist auch zu erkennen, dass die KI den größten Teil der «Zuarbeitenden Tätigkeiten» für uns erledigt, d.h. überwiegend Niedriglohnarbeitsplätze wegnimmt. Dafür entsteht ein großer Bedarf an Fachkräften im Bereich der gehobenen Entwicklungsaufgaben in allen bereits vorhandenen Berufsfeldern und in sich neu entwickelnden sozialen Berufsfeldern.

## Die KI zwingt uns zu lebenslangem Lernen

Wir müssen uns bewusst machen, dass die KI in Zukunft das Tempo der Veränderungen bestimmt, d.h. die Halbwertszeit des erworbenen Wissens und Knowhows sich rapide verkürzen wird. Die Zeiten, in denen wir mit 25 oder 30 Jahren unsere Ausbildung beenden und damit - abgesehen von einigen Updates - ein Leben lang einer akzeptablen Erwerbsarbeit nachgehen konnten, sind längst vorbei.

Die KI wird uns zwingen, uns mehrmals in unserer aktiven Zeit das Know-how für ein neues Tätigkeitsfeld anzueignen und in unterschiedlichen Unternehmen aktiv zu werden und/oder uns als Freelancer irgendwo anzudocken.

Vielleicht können Sie einige der Überlegungen jetzt schon in Ihre Karriere-Planung einbauen oder mit Ihren Kindern (oder Enkelkindern) darüber diskutieren.

**Künstliche Intelligenz
lässt sich nicht mehr lange von uns beherrschen**

## Denkzettel: Künstliche Intelligenz und Arbeit

- Arbeit muss einen Beitrag zu Ihrer Lebensqualität liefern

- Arbeit muss die soziale Verwiesenheit der Menschen befriedigen

- Arbeit muss die Selbstbestimmung des Menschen möglich machen

- Arbeit muss sinnstiftend sein

# Lebensphasen

## Gestalten Sie die unterschiedlichen Lebensphasen bewusst

Die höchste Leistungsdichte liegt bei arbeitenden Menschen bei ca. 51 Jahren.

Das Nachlassen der eigenen Leistungsfähigkeit ist subjektiv schwer festzustellen.

Das Leben eines Menschen lässt sich in der Regel in vier Phasen einteilen:

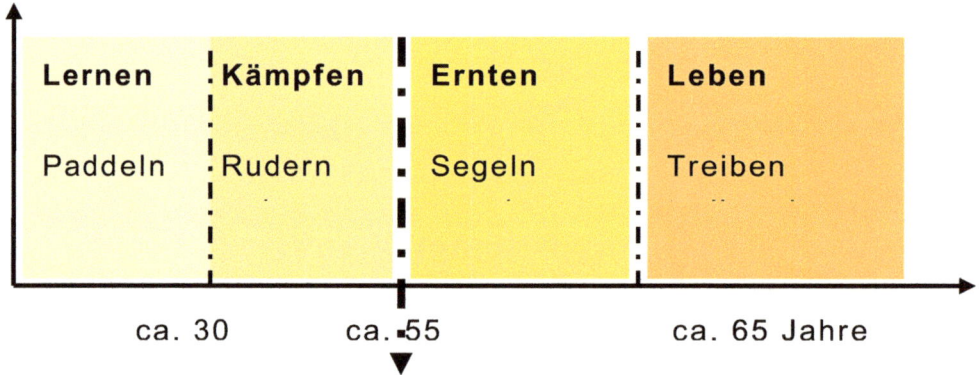

| Lernen | Kämpfen | Ernten | Leben |
|--------|---------|--------|-------|
| Paddeln | Rudern | Segeln | Treiben |

ca. 30          ca. 55          ca. 65 Jahre

## Midlifecrisis

Die Schwelle von der 2. zur 3. Phase wird häufig als Midlifecrisis erlebt.

Anzeichen einer MLC sind z.B. generelle Unsicherheit, ob die bisher gültigen Ziele sinnvoll sind, ob die Arbeit und die Art des Arbeitens richtig sind usw. Auch die Qualität der Beziehung wird häufig hinterfragt usw. Burn-out und Depressionen häufen sich in dieser Zeit.

Viele Menschen erleben in Bezug auf Ihre Lebenszufriedenheit einen Tiefpunkt

Ängstliche Menschen und Menschen, denen Sicherheit sehr

wichtig ist, bekommen in dieser Phase sehr schnell Selbstzweifel.

Die LMC lässt sich vermeiden, wenn Sie die folgenden Lebensphasen bewusst selbst gestalten und annehmen.

## Die Lebensphasen:

### Phase: Lernen

Kinder lernen am meisten, wenn Sie spielen oder spielerisch lernen

In der Schule, in der Ausbildung oder im Studium lernen wir am besten und am meisten, wenn und wo es uns Spaß macht und Freude bringt.

### Phase: Kämpfen

Mit dem Eintritt ins Berufsleben fangen wir an, über Karriere, Einkommensziele, Erfolg, soziale Stellung usw. nachzudenken und unsere Energie und Strategien daran zu orientieren.

Irgendwann merken wir, dass wir immer mehr Aufwand treiben müssen, um die gewohnten Leistungen bei uns abzurufen, und es damit immer anstrengender wird, erfolgreich zu sein.

Wenn Sie Ihre Strategien nach dem Kumulationspunkt Ihrer Leistungsfähigkeit nicht bewusst ändern, müssen Sie immer mehr Aufwand treiben, um erfolgreich zu sein, was bedeutet, dass Ihre Lebensqualität abnimmt.

Mit der abnehmenden Lebensqualität reduziert sich häufig auch die Freude an der Arbeit, und viele Menschen stellen sich hier auch die Sinnfrage.

Wenn Sie Ihre Einstellung zu Ihrem sozialen Umfeld und zum Beruf nicht ändern, droht das Hamsterrad mit allen seinen Konsequenzen und die Midlifecrisis folgt.

## Phase: Ernten

Falls Sie sich in der Phase des Kämpfens verloren haben, nehmen Sie sich ab sofort selbst wichtig.

Um die Phase Ernten bewusst gestalten zu können, ist es sinnvoll, dass Sie Ihre Einstellung ändern.

Entscheiden Sie, wie wichtig Ihnen Ihre Familie, Ihr Beruf und Ihre Sozialkontakte incl. Sport usw. sind, und teilen Sie Ihnen Zeitkontingente zu. Stellen Sie vor allem Ihrer Arbeit ein genau definiertes Zeitbudget zur Verfügung.

Ihr Fachwissen veraltet immer schneller. Sparen Sie sich die Mühe, Ihr Fachwissen auf dem neuesten Stand zu halten. Nutzen Sie Ihr Methodenwissen, Ihr Managementwissen und Ihre Erfahrung, um Ihr Leben incl. Ihren Beruf zu gestalten.

Je besser es Ihnen jetzt gelingt, in die Selbstbestimmtheit und Eigenverantwortlichkeit zu kommen, desto besser geht es Ihnen.

Lehnen Sie rigoros alle Aufgaben ab, die unwichtig oder unzumutbar sind. Sie werden erleben, dass dadurch Ihre Akzeptanz in Ihrem Umfeld zunimmt. Da Sie sich dadurch mehr auf die wichtigen Aufgaben konzentrieren können, werden Sie auch erfolgreicher.

Menschen, die interessante und geistig anspruchsvolle Aufgaben erledigen, haben eine höhere Lebenserwartung. D.h. je mehr es Ihnen gelingt, spannende Aufgaben zu übernehmen, desto fitter bleiben Sie.

Nutzen Sie Ihre Erfahrung und Ihr Netzwerk, um in interdisziplinären Teams mitzuarbeiten, und engagieren Sie sich im privaten Bereich in politischen oder gesellschaftlichen Einrichtungen

Machen Sie sich bewusst, dass Sie mehr wissen, eine bessere Wissensübersicht und eine besser Wissenszuordnung als jüngere Menschen haben, und kümmern Sie sich um innovative und strategische Entscheidungen.

Machen Sie eine realistische Bestandsaufnahme:

- Was können Sie gut?
- Welche Stärken haben Sie?
- Was machen Sie gerne?
- Was sind Ihre Energiequellen?
- usw.

Wenn Sie daraus ein eigenes Ability-Management entwickeln wollen, ist ein guter Freund als Sparringspartner sehr hilfreich.

Wenn es möglich ist, machen Sie ein Sabbatical und nutzen es für eine Neuorientierung.

Entwickeln Sie egoistische Ziele, die eine Schnittmenge mit den Unternehmenszielen haben.

Entwickeln Sie eine bewusste Achtsamkeit für Ihre körperliche, psychischen und sozialen Signale, die Veränderungen ankündigen, um proaktiv reagieren zu können.

Entwickeln Sie eine kluge Lust für alle zukünftigen Aktivitäten. Gehen Sie Risiken ein, suchen Sie Herausforderungen, machen Sie aus Ihrer Arbeit einen Abenteuerspielplatz. Die Arbeitsfreude und der Erfolg kommen dann von selbst.

Mischen Sie sich ein, wo immer Sie glauben, dass es sinnvoll ist und Sie etwas bewirken können – es macht Spaß und bringt Ihnen Anerkennung.

Machen Sie gelegentlich eine Energieanalyse: was hat Sie gelangweilt oder genervt, was hat Sie gefreut oder Spaß gemacht, wobei waren Sie konzentriert oder haben die Zeit vergessen usw. So können Sie sich Energietreiber und Energiefresser bewusst machen.

Verzichten Sie auf mehr Einsatz – arbeiten Sie nicht mehr, sondern strategischer. Entwickeln Sie eine sinnvolle Lust am Arbeiten – es zählt nicht der Aufwand, sondern das Ergebnis. Sie müssen sich und anderen nichts mehr beweisen.

Selbstwertschätzung ergänzt das Selbstwertgefühl, das Sie

sich selbst erarbeiten müssen durch die Würde, die Sie sich zubilligen. Sie ist Voraussetzung für jede partnerschaftliche Zusammenarbeit und macht Sie weitgehend immun gegen die negative Auswirkung von Kritik durch Andere. Sie schützt Sie vor Selbstausbeutung. Sie brauchen Ihren Selbstwert dann nicht mehr aus der Anerkennung durch andere zu schöpfen.

## Phase: Leben

Entscheiden Sie selbst, wann Sie anfangen zu leben

Leben heißt lebendig sein und Ihr Leben selbst zu gestalten

Je mehr Sie bisher in Ihrem Leben funktioniert haben, desto mehr haben Sie jetzt das Recht, Ihr Leben zu genießen.

Einige Anregungen:

Ihre Lebenserfahrung bietet Ihnen die Chance, als mentaler Sponsor Ihren Nachkommen, hoffnungsvollen jungen Menschen, Azubis oder Studenten Orientierung für Ihre persönliche und berufliche Entwicklung zu geben. Sie werden dann erleben, dass Sie dadurch mehr für sich tun als Sie für die von Ihnen betreuten Menschen.

Ihre Lebenserfahrung bietet Ihnen die Möglichkeit, ehrenamtliche Tätigkeiten zu übernehmen. Sie können dabei Ihren Einfluss und Ihr Netzwerk nutzen und im Bereich Ihrer neuen Verantwortung beraten und gestalten.

Wenn Sie gegen Ende Ihrer beruflichen Tätigkeiten nicht alles haben, was Sie brauchen – macht es keinen Sinn, dafür weiter zu kämpfen. Sie haben dann die Möglichkeit, Ihre Einstellung zu ändern.

Genießen können Sie nur, was Sie nicht brauchen. Erst, wenn Sie sicher sind, dass Sie alles haben, was Sie brauchen, können Sie sich auf das Genießen konzentrieren.

Wählen Sie für die Gestaltung Ihrer Lebendigkeit Aktivitäten aus, die anspruchsvoll sind, die Ihnen Spass machen, bei denen Sie möglichst viele Ihrer erworbenen Fähigkeiten nutzen können. Genießen Sie ohne irgendwelche Ziele oder

Absichten. Der Erfolg stellt sich dann von selbst ein und Sie schaffen die Basis für eine lange physische und psychische Gesundheit.

Überlegen Sie nicht lange, tun Sie was!

Betrachten Sie neue Aktivitäten als Projekt, das Sie jederzeit ändern oder abbrechen können. Das bewahrt Sie davor, bei Fehlschlägen Minderwertgefühle zu entwickeln und das reduziert den Erfolgsdruck. Probieren Sie einfach aus. ob die neue Aktivität Spaß macht. Wenn etwas schief geht, machen Sie es einfach anders oder etwas anderes.

**Nehmen Sie sich wichtig**

Jeder Mensch hat gleich viel Zeit. Verwenden Sie bewusst einen Teil dieser Zeit für das, was Ihnen wichtig ist, für Sie selbst:

Nehmen Sie sich Zeit, sich zu freuen:
z.B. Genießen Sie Spaß.
LMAA (lächle mehr als andere)

Nehmen Sie sich Zeit für Ihre Zufriedenheit:
z.B. Registrieren und feiern Sie Ihre Erfolge

Nehmen Sie sich Zeit für Vertrauen:
z.B. Zeigen Sie Offenheit

Nehmen Sie sich Zeit, sich weiterzuentwickeln:
z.B. Seien Sie neugierig

Nehmen Sie sich Zeit, Ihr Glück zu genießen:
z.B. Glücklich sind Sie auf dem Weg zu einem eigenen Ziel

Nehmen Sie sich Zeit, sich selbst zu finden:
z.B. Definieren Sie Ihr Selbstbild

© Cartoon
Erik Liebermann

## Gestalten Sie Ihre Lebensphasen bewusst

### Denkzettel: Lebensphasen

- **bewusst leben, statt viel haben**
- **Perfektion ist Zeitlupe – Kreativität ist Lichtge-schwindigkeit**
- **Machen Sie sich entbehrlich**
- **Arbeiten Sie nie so gut wie möglich, sondern nur gut genug**
- **Sie haben es verdient mit sich zufrieden zu sein**
- **Ersetzen Sie Hierarchie durch Strategie**
- **Nicht der Aufwand, sondern die Strategie bringt Er-folg**

# Lösungsdenken

## Ersetzen Sie Problemdenken durch Lösungsdenken

Wenn wir eine Situation als Problem sehen, sollten wir uns immer bewusstmachen, dass wir ein Problem oder eine Schwierigkeit weder sehen, noch hören, noch riechen, noch schmecken, noch anfassen können; d.h. wir können ein Problem nicht wahrnehmen, wir konstruieren es.

Ein Problem ist immer ein Hirngespinst. Wenn Sie verantwortet mit sich und Ihrer Vernunft umgehen, können Sie dieselbe Situation - die durchaus ein anderer als Problem sehen kann - als Chance oder als Herausforderung erleben. Dann werden Sie diese Situation mit Spaß, Energie und Erfolgswillen angehen.

Wenn Sie längere Zeit unbewusst Probleme und Schwierigkeiten konstruiert haben oder in einem Umfeld gelebt haben, in dem dieser „Missbrauch der Intelligenz" (wir haben unsere Intelligenz bekommen um die Herausforderungen des Lebens zu bewältigen) üblich war, haben Sie wahrscheinlich das Problemdenken zur Gewohnheit entwickelt.

Wenn Sie einige Zeit bewusst darauf achten, dass Sie jedes Mal, wenn Sie eine Situation als schwierig empfinden, sofort umschalten und überlegen, was Sie selbst in dieser Situation tun können, können Sie ihre Kreativität bewusst daran gewöhnen, bei komplexen Aufgaben, in Lösungen zu denken (ILD).

Problemdenken und Lösungsdenken bedeuten für unser Gehirn den gleichen Arbeitsaufwand.

Wenn Sie sich dazu entschließen Ihr Lösungsdenken bewusst zu trainieren, wird Ihre psychische Widerstandskraft (Resilienz) stärker werden und damit Ihre Stressstabilität. Eine weitere Konsequenz eines internalisierten Lösungsdenkens ist die Veränderung Ihrer „Selbstwirksamkeitserwartung", d.h. Ihrer Überzeugung, Herausforderungen positiv bewältigen zu können. Beides steigert Ihre Lebensqualität.

## Für Führungskräfte (und Eltern):

Auch, wenn es schwerfällt, in Bezug auf Lösungsdenken müssen Sie immer Vorbild sein. Wenn Sie als Führungskraft Worte, wie „Problem" oder „Schwierigkeit", verwenden, zwingen Sie Ihre Mitarbeiter (Kinder) in eine Denkrichtung, die diese nicht weiterbringt, und diese Denkrichtung wird dann schnell zur Gewohnheit in Ihrem Verantwortungsbereich.

Wenn einer Ihrer Mitarbeiter oder Ihrer Kinder Bedenken äußert, auf Probleme und Schwierigkeiten hinweist oder Einwände bringt, gehen Sie nicht darauf ein, sondern fordern sie auf, Lösungen vorzuschlagen.

© Cartoon
Erik Liebermann

## Ihre Mitarbeiter brauchen Sie für Lösungen

### Denkzettel: Lösungsdenken

- **Bedenken sind immer mehrheitsfähig**
- **Jede Lösung zeigt, dass es nie ein Problem gegeben hat**
- **Ihre Denkgewohnheit ist die Basis Ihres Erfolgs**
- **Eine Diskussion der Bedenken bringt Ihnen keine Lösung.**
- **Denken Sie nur über Dinge nach, die Sie ändern können**
- **Jammern heißt Klammern**
- **Nur Lösungsdenken bringt Sie weiter**

# Mediation

## Lösen Sie Konflikte, ohne involviert zu werden

### Definition

Mediation ist Konfliktlösung durch einen neutralen Dritten mit Hilfe eines vereinbarten Verfahrens.

Zu unterscheiden sind zwei Arten von Mediation:

- Die prophylaktische Mediation, die die Aufgabe hat, vor Beginn der Zusammenarbeit mögliche Konflikte zu vermeiden und die

- Situative Mediation, die während der Zusammenarbeit aufgetretene Konflikte aufarbeitet und das Aufkommen neuer Konflikte vermeidet.

### Statements

- Die Mediation braucht das Vertrauen aller beteiligten Konfliktparteien.

- Konflikte sind die Kostentreiber Nr. 1 bei jeder Zusammenarbeit.

- Mediation löst nicht nur die Sachprobleme, sondern auch die hinter den Problemen liegenden emotionalen Konflikte.

- Alle Beteiligten müssen sich von allen anderen akzeptiert fühlen.

- Mediation muss eine Lösung erarbeiten, der alle Beteiligten uneingeschränkt zustimmen können.

### Vorgehensweise

Eine erfolgreiche Mediation beachtet folgende Schritte:

- Vertrauen herstellen
- Spielregeln vereinbaren
- Konfliktdarstellung
- Einzelgespräch (nur bei Bedarf)

- Lösung erarbeiten
- Umsetzungsplan vereinbaren
- Erfolgskontrolle vereinbaren

## Vertrauen herstellen

Zu Beginn der Mediation schafft der Mediator durch

- sein Verhalten
- ein geeignetes Selbstmarketing
- nachvollziehbaren Darstellung seiner Neutralität

das Vertrauen in seine Person und seine Qualifikation für die Aufgabe.

## Spielregeln

Es hat sich bewährt, vor Beginn der eigentlichen Mediation mit den Beteiligten Verhaltensregeln zu vereinbaren.

Beispiele sind:

- Jeder darf aussprechen
- Verzicht auf dominante Akte wie:
- Vorwürfe, Schuldzuweisung, Ironie, Abwertung, Generalisierung, Pauschalierung, Unterstellungen, usw.
- Verzicht auf Unterwerfung wie:
- Entschuldigungen, Rechtfertigungen, Schuldgefühle äußern usw.
- Ich-Botschaften haben Vorrang
- Alles, was wichtig ist, wird visualisiert
- Maximale Redezeiten vereinbaren
- Jede Partei kann die Mediation jederzeit beenden
- usw.

Spielregeln können auch während der Mediation situativ eingeführt oder angepasst werden.

## Konfliktdarstellung

Bei der Darstellung des Konflikts ist es eher kontraproduktiv, wenn jeder der Beteiligten seine Sicht der Situation darstellt.

Bewährt hat sich folgende -stufenweise- Vorgehensweise:

- Jede der Konfliktparteien stellt dar, was sie von der anderen Konfliktpartei erwartet.
- Jede Konfliktpartei erläutert, welche Angebote sie der anderen Konfliktpartei machen will.
- Jede Konfliktpartei stellt die Situation aus der Sicht der anderen Konfliktpartei dar.

## Einzelgespräche

Falls der Mediator feststellt, dass einer der Beteiligten emotionale Sperren hat, einem Konsens zuzustimmen oder er Dogmatiker ist, führt er mit diesem ein vertrauliches Einzelgespräch unter 4 Augen.

Für dieses Gespräch gelten folgende Regeln:

- Kann ein Beteiligter nicht mehr auf die anderen Beteiligten zugehen oder weitere Angebote machen, hat er in der Regel einen personalen (intrapersonellen) Konflikt. Personale Konflikte sind für den Betroffenen in der Regel schwer alleine zu bewältigen, weil Menschen nur nach einiger Übung in der Lage sind, die eigenen, nicht autonomen, Einflüsse (unbewussten Wertsysteme) selbst zu erkennen.
- Aufgabe eines Mediators bei der Konfliktbewältigung ist es, dem Betroffenen einen objektivierenden "Spiegel" vorzuhalten, indem er ihm bei der Konfliktanalyse diese nicht autonomen Beweggründe transparent macht.
- Erst nachdem der Betroffene sich seiner nicht autonomen Einflüsse bewusst geworden ist, hat er die Möglichkeit, seine internalisierten oder geprägten Einflüsse bewusst in den autonomen Bereich zu

110

übertragen. Erst danach ist er wieder in der Lage, seinen verhärteten Standpunkt zu verlassen.

- Direkte Hilfen in Form von Stellungnahmen, Ratschlägen, Vorschläge usw. entmündigen den Beteiligten und reduzieren seine Konsensfähigkeit.

## Lösung erarbeiten

Ziel der Mediation ist eine konsensfähige Lösung, der alle Beteiligten uneingeschränkt zustimmen.

Das kann erreicht werden durch:

- Neutrale Moderation durch den Mediator oder durch die
- KDI-Methode
  Bei der KDI-Methode werden alle Argumente festgehalten und gemeinsam den Kategorien:
- Konsens, Dissens und Irrelevanz zugeordnet.

Die Kategorie Dissens wird dann systematisch auf möglichen Konsens untersucht oder durch

- Fahnen von Bedingungen
  Hier nennt jeder Beteiligte die Bedingungen, unter denen er einer konfliktfreien Zusammenarbeit zustimmen kann.
  Diese Bedingungen werden dann nach Qualität und Erfüllbarkeit eingeteilt und gemeinsam auf möglichen Konsens untersucht.

## Umsetzungsplan

Am Ende der Mediation wird ein Umsetzungsplan vereinbart, der sicherstellt, dass bis zum Termin der Erfolgskontrolle die vereinbarten Maßnahmen auch durchgeführt werden.

## Erfolgskontrolle

Am Ende der Mediation wird ein Termin vereinbart, an dem alle an der Mediation Beteiligten sich treffen, um festzustellen, was sich in der Zwischenzeit verbessert hat bzw. wo zusätzliche Vereinbarungen notwendig sind.

## Angebote erarbeiten

Bei der Bewältigung von Problemen bei der Zusammenarbeit ist es wichtig, dass die Lösung von den Beteiligten selbst gefunden wird. Nur dann identifizieren sie sich damit und das Ergebnis ist tragfähig.

Eine geeignete Möglichkeit, dies zu erreichen, sieht wie folgt aus:

- Der Mediator bittet den Beteiligten A, Angebote zu machen, die deutlich machen, wo er bereit ist, Zugeständnisse zu machen, die die Zusammenarbeit verbessern.

- Dann bittet der Mediator den Beteiligten B ebenfalls, Angebote zu machen, die deutlich machen, wo er bereit ist, Zugeständnisse zu machen, die die Zusammenarbeit verbessern.

- In mehreren Stufen werden so iterativ Vereinbarungen zur Verbesserung der Zusammenarbeit erreicht.

Direkte Intervention des Moderators in Form von Stellungnahmen, Ratschlägen, Vorschläge usw. machen einen von beiden Betroffenen akzeptierten Kompromiss unmöglich.

## Sicht des anderen Beteiligten

Reichen die Angebote der Beteiligten zur Verbesserung der Zusammenarbeit nicht aus, liegt in der Regel ein zwischenmenschlicher oder ein Gruppenkonflikt vor.

Die Bewältigung zwischenmenschlicher Konflikte ist nur möglich, wenn jeder der Beteiligten die subjektive Sicht des anderen, d.h. dessen Wirklichkeit erkennen kann.

Aufgabe des Mediators bei einem zwischenmenschlichen Konflikt ist es, bei den Betroffenen gegenseitiges Verständnis zu erreichen, indem er sie in die Lage versetzt, die Wirklichkeit des jeweils anderen in einer Konfliktanalyse transparent zu machen.

Eine geeignete Möglichkeit, dies zu erreichen. sieht wie folgt aus:

- Der Mediator bittet den Beteiligten A, die Situation aus der Sicht des Beteiligten B darstellen.

- Dann bittet er B die Situation aus der Sicht des Beteiligten A darzustellen.

- Anschließend bittet der Mediator die beiden Beteiligten, die Darstellung solange zu korrigieren, bis beide der Darstellung ihres Konfliktpartners vorbehaltlos zustimmen können.

- Danach regt der Mediator (in der Regel in Einzelgesprächen) die Beteiligten zur Korrektur ihres Wertsystems an.

Jede "Einmischung" des Mediators im Sinne von Vorschlägen, Lösungen, Entscheidungen usw. erweckt den Eindruck der Parteilichkeit und schafft eine Verlierersituation.

## Verhalten des Mediators

Hauptaufgabe eines Mediators ist es, bei der Konfliktbewältigung eine konsensfähige Lösung zu finden und Neutralität zu wahren.

Berücksichtigen Sie dabei folgende Verhaltensweisen:

- Definieren Sie die Thematik und visualisieren Sie sie (evtl. iterativ)

- Sie stellen nur offene Fragen (W- Fragen)

- Geschlossene Fragen verwenden Sie nur zur Kontrolle

- Nebenkampfschauplätze unterbinden Sie unmittelbar

- Sie führen ein Sichtprotokoll (Flip-Chart, Beamer), wenn möglich, durch einen Protokollführer

- Sie halten jeden Konsens oder Teilkonsens schriftlich fest

- Für situativ unlösbare Nebenkonflikte richten Sie einen Problemspeicher ein

- Wenn Sie jemand unterbrechen formulieren Sie das positiv

- Sie verbalisieren (Wiederholen mit anderen Worten) Beiträge der Teilnehmer verbalisieren
- Sie machen nur „Sie"-Aussagen
- Sie lassen Wertungen durch Zahlen, Daten, Fakten erläutern.
- Sie beziehen alle Teilnehmer mit ein
- Sie unterbinden dominante Akte der Beteiligte (Vorwürfe, Schuldzuweisungen, usw.)
- Sie unterbinden Unterwerfungen der Beteiligten (Entschuldigungen, Rechtfertigungen, usw.)
- usw.

© Cartoon
Erik Liebermann

## Mediation verzichtet auf Macht

## Denkzettel: Mediation

- **Lassen Sie jede Konfliktpartei die Situation aus der Sicht der anderen Partei darstellen**
- **Bei der Mediation darf es keinen Verlierer geben**
- **Mediation macht die Teilnehmer autonomer**
- **Mediation schafft akzeptierte Entscheidungen**
- **Mediation offenbart die Werte der Menschen**

# Meditation

## Meditation bringt Ihnen Gelassenheit und Stressstabilität

Als Führungskraft müssen Sie in der Lage sein, kritische und komplexe Situation mit minimalem emotionalem Aufwand zu meistern. Regelmäßig praktizierte Meditation unterstützt Sie dabei wesentlich.

Die linear logische, meist linke Hirnhälfte, nimmt die Informationen aus Ihrem Lebensumfeld auf und entwickelt dazu rationale Gedanken, die häufig die Erfahrungen unseres Unbewussten nicht berücksichtigen und deshalb dann wieder geändert werden müssen.

Die assoziative, meist rechte Hirnhälfte, speichert unser mentales Erbgut, die Normen und Werte unserer Sozialisation und unsere Erfahrungen (d.h. unsere Lernprozesse aus eigenen Erlebnissen) und hat u.a. die Aufgabe, das zu bewerten, was wir denken und erleben.

Mit einer qualifizierte Entspannungstechnik, z.B. Autogenes Training, Jakobsen, Mentales Training, Yoga usw., können Sie Ihr Gehirn in den Alpha-Zustand versetzen. In diesem Zustand sind Sie z.B. auch, wenn Sie nachts träumen. In diesem Zustand kommunizieren die Hemisphären unseres Gehirns und tauschen Informationen aus.

Für uns bedeutet das, dass die Gedanken und Ideen, die wir im Alpha-Zustand entwickeln, gleich mit unseren unbewussten Ressourcen abgeglichen werden und dadurch wesentlich intuitiver sind und mehr unserer eigenen Persönlichkeit entsprechen.

Regelmäßiges Praktizieren einer Entspannungstechnik ist Voraussetzung für jede Meditation und bringt Ihnen mehr Gelassenheit und innere Ruhe. (Wenn Sie Schwierigkeiten haben eine bestimmte Entspannungstechnik zu lernen, probieren Sie es mit einer anderen.)

Es gibt verschiedene Möglichkeiten, wie Sie Meditation praktizieren können:

### Freie Imagination

Sie können sich in den Alpha-Zustand versetzen und einfach Ihren Gedanken freien Lauf lassen. Wichtig ist dabei, dass nicht versuchen, die Gedanken in eine bestimmte Richtung zu lenken oder zu beeinflussen. Genießen Sie einfach die Vielfalt und die Kreativität Ihrer Ideen und Bilder. Es gibt keine guten oder schlechten Gedanken - es sind einfach Ihre. Wenn Sorgen oder Ängste hochkommen sollten, brechen Sie einfach ab.

### Positiv Imagination

Sie können sich in den Alpha-Zustand versetzen und sich an ein wunderschönes Erlebnis aus Ihrem Leben erinnern. Wenn Sie diese Situation jetzt nicht nur „geistig sehen" sondern noch mal erleben, d.h. die Gefühle spüren, die Farben sehen, die Gerüche riechen usw., dann erzeugt Ihr Unbewusstes den Hormonhaushalt, der der damaligen Situation entspricht, und Sie fühlen sich sichtlich wohler.
Diese Meditation ist gut geeignet für Situation, in denen Sie emotional ausgelaugt sind und der Spaß am Leben reduziert ist.

### Proaktive Imagination

Sie versetzen sich in den Alpha-Zustand und stellen sich z.B. das schwierige Gespräch vor, das Sie in der nächsten Zeit führen werden. Erleben Sie, wie Sie aufrecht und zugewandt sitzen, wie Sie Blickkontakt halten, wie Sie argumentieren, wie Ihr Gesprächspartner argumentieren wird, wie Sie darauf antworten usw. usw. Gestalten dabei Sie in Ihrer Phantasie das Gespräch so, wie es im Idealfall ablaufen sollte - und alles was Sie im Alpha-Zustand trainieren, wird direkt in Ihrem Unterbewusstsein gespeichert.

Die Proaktive Imagination ist für Vorbereitungen auf Präsentationen, Sitzungen, Verhandlungen, Konfliktgespräche, Prüfungen usw., usw., hervorragend geeignet. Darüber hinaus können Sie damit Ihr Einfühlungsvermögen in andere Personen, Kinder und Mitarbeiter trainieren

## Intuition

Wenn Sie im Alpha-Zustand eine kritische oder komplexe Situation lösen oder analysieren wollen, stellt Ihnen Ihr Unterbewusstes seinen gesamten Erfahrungsschatz, seine enorme Kreativität und Innovationsfähigkeit zur Verfügung. Sie werden überrascht sein, was für kreative Lösungen und Denkansätze Ihnen einfallen werden. Sie können die gefundenen Lösungen häufig nicht begründen, weil Ihr Unterbewusstes und damit Ihre Intuition keine Argumente liefert, aber die intuitiv gefundenen Ergebnisse sind in der Regel die situativ besten. Je öfter Sie Ihre Intuition nutzen, desto besser wird Ihr Entscheidungsvermögen.

Intuition eignet sich für alle persönlich wichtigen Entscheidungen und für strategischen Entscheidungen im Unternehmen.

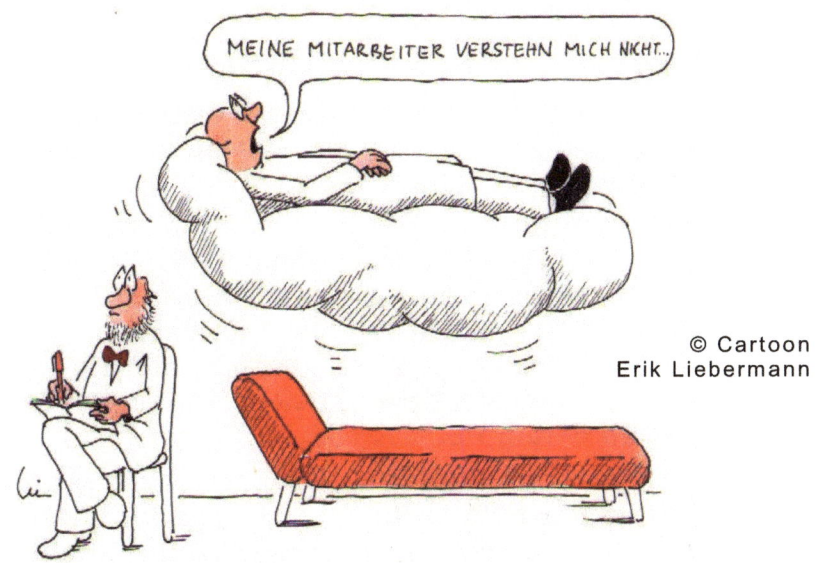

**Meditation steigert Ihr Einfühlungsvermögen**

## Denkzettel: Meditation

- **Täglich eine halbe Stunde Meditation ist sinnvoll, außer Sie haben keine Zeit, dann brauchen Sie eine ganze Stunde**

- **Mentale Entspannung erzeugt körperliche Entspannung**

- **Körperliche Entspannung erzeugt geistige Entspannung**

- **Entspannung ist Sauna für die Seele**

- **Entspannungstechniken reduzieren soziale Aggression und Autoaggressionen**

- **Lernen Sie eine Entspannungstechnik, die Sie am Arbeitsplatz durchführen können**

- **Schlafen Sie mit einer Positiv-Imagination ein**

# Mitarbeitererziehung

## Der Mitarbeiter wird so, wie er geführt wird.

Als Führungskraft sind Sie dafür verantwortlich, dass Ihre Mitarbeiter ihre Ziele erreichen, die an sie delegierten Aufgaben erledigen usw. usw.

Wenn es Ihnen durch Ihr Führungsverhalten zusätzlich gelingt, dass sich auch die Persönlichkeit Ihrer Mitarbeiter ständig weiterentwickelt, erreichen Sie, dass Ihre Mitarbeiter eigeninitiativ in Ihrem Sinne tätig werden, sie ohne Weisung und Kontrolle Ergebnisse liefern, sie Sie vertreten können usw.; d.h. diese Mitarbeiter tragen wesentlich zu Ihrem eigenen Erfolg bei.

Überlegen Sie sich als erstes die Merkmale von Persönlichkeit, die Ihnen als Ziele für die Entwicklung Ihrer Mitarbeiter wichtig erscheinen, wie z. B.: Positive Grundeinstellung, Offenheit, Neugier, Verantwortungsbewusstsein, Selbstwertgefühl, Alterozentrierung, Einfühlungsvermögen, Ergebnisorientierung, Entscheidungsfähigkeit, Kritikfähigkeit, Konfliktfähigkeit, Selbstachtung, usw.

Wenn Sie dann beim Führen Ihrer Mitarbeiter ständig darauf achten, dass die von Ihnen gewünschten Persönlichkeitsmerkmale ständig weiterentwickelt werden, können Sie mit relativ geringem Aufwand erreichen, dass sich die Persönlichkeit Ihrer Mitarbeiter in Ihrem Sinn entwickelt.

## Persönlichkeitsmerkmale:

Beispiele für die Umsetzung

| | |
|---|---|
| **Verantwortungs-bewusstsein** | Alleinige Verantwortung für ein Projekt ein Thema oder eine Aufgabe übertragen |
| **Positive Grundeinstellung** | Vorleben<br><br>Positives über Erlebtes erzählen<br><br>Positives erzählen lassen und hinterfragen |
| **Offenheit Neugier** | Neue Aufgaben anbieten<br><br>Anregen, sich zu einem Thema zu informieren<br><br>Neuartige Aktivitäten erwarten bzw. initiieren |
| **Alterozentrierung Einfühlungs-vermögen** | Fragen, wie der Kunde, Kollege reagieren wird<br><br>Fragen, wie der andere sich fühlen wird |
| **Ergebnis-orientierung** | Fragen, was sie damit erreichen wollen<br><br>Fragen, warum sie das gut finden<br><br>Fragen, welches Ziel Sie haben<br><br>Bei jedem Vorhaben konsequent dranbleiben |
| **Entscheidungs-fähigkeit** | Alternativen darstellen lassen<br><br>Vorschläge machen lassen<br><br>Vereinbarungen treffen |

Wenn Sie erreichen wollen, dass Ihre Mitarbeiter Selbstwertgefühl und Selbstachtung entwickeln, sollten Sie folgendes beachten:

- Verzichten Sie auf Vergleiche mit Kollegen
- Kritisieren Sie nur das Verhalten, nie den Mitarbeiter
- Sprechen Sie öfter Anerkennung aus als Kritik
- Lassen Sie Ihre Mitarbeiter stolz sein
- Fordern Sie Ihre Mitarbeiter
- Machen Sie regelmäßig Erfolgsanalysen mit Ihren
- Mitarbeitern
- Vertrauen Sie Ihren Mitarbeitern und trauen Sie ihnen etwas zu
- Gestalten Sie für Ihre Mitarbeiter Erfolge und feiern Sie Erfolge
- Steuern Sie die Wahrnehmung Ihrer Mitarbeiter auf: Erfolg
- Verzichten Sie auf Doppelbindung

Bedenken Sie:

Mitarbeiter mit Persönlichkeit sind nicht immer so pflegeleicht wie angepasste Mitarbeiter - bringen dafür mehr Wertschöpfung und tragen mehr zu Ihrem eigenen Erfolg bei.

**Nur mündige Mitarbeiter machen Sie erfolgreich!**

## Denkzettel Mitarbeitererziehung

- **Erfolg ist einfach, wenn Ihre Mitarbeiter selbst entscheiden**
- **Erziehen Sie kongeniale Mitarbeiter**
- **Eigenverantwortliche Mitarbeiter machen Sie erfolgreich**
- **Neuartige Aufgaben halten die Mitarbeiter fit**
- **Neugierige Mitarbeiter sichern die Zukunft des Unternehmens**
- **Regelmäßige Erfolgsanalysen stabilisieren das Selbstwertgefühl**

# Mitarbeiterführung und Gesundheit

### Wertschätzung schafft gesunde Mitarbeiter

Mitarbeiter autoritär zu führen, gefährdet die Gesundheit (und reduziert die Leistung). Es gibt einen direkten Zusammenhing zwischen Führungsstil und Fehlzeiten und Gesundheit

Die ethische Frage, die Sie sich immer stellen müssen, lautet: „Darf ich so führen, dass meine Mitarbeiter krank werden?"

Die entsprechende ökonomische Frage lautet: „Darf ich so führen, dass meine Mitarbeiter Minderleistung bringen?"

Wenn Ihre Mitarbeiter Wertschätzung erleben, sind Sie gesünder und bringen mehr Wertschöpfung darüber hinaus nutzen Sie das gesamte Wissen, das Know-how, die Erfahrung und die Leistungsbereitschaft Ihrer Mitarbeiter:

- **Fordern Sie Ihre Mitarbeiter auf, mitzuwirken.**
  Zu fast zu allen Problemstellungen können die Mitarbeiter Ideen und Vorschläge beitragen Setzen Sie sich mit diesen Ideen auseinander und nehmen Sie Stellung dazu. Sie lernen übrigens auch etwas dabei.

- **Machen Sie Betroffene zu Beteiligten.**
  Integrieren Sie bei allen Maßnahmen die Mitarbeiter, die davon selbst betroffen sind, um den nachträglichen Widerstand zu verhindern.

- **Erläutern Sie bei allem, was Sie erreichen wollen, den Sinn.** Mitarbeiter, die verstehen, was Sie tun, die die Hintergründe und Zusammenhänge kennen, können mitdenken, eigenständig in Ihrem Sinne Entscheidungen treffen und machen weniger Fehler.

- **Sorgen Sie dafür, dass Ihre Mitarbeiter die vereinbarten Ziele und Aufgabenstellungen akzeptieren.**
  Am einfachsten ist es, wenn Sie dem Mitarbeiter die Situation oder das Problem, das zu lösen ist, schildern, und dieser schlägt Ihnen dann vor, wie er seine

124

Aufgabenstellung versteht. Korrigieren können Sie dann immer noch. Wenn der Mitarbeiter das Ziel selbst findet, identifiziert er sich stärker damit, engagiert sich stärker und hat ein eigenes Erfolgserlebnis, wenn er das Ziel erreicht. Erfolgserlebnisse sind wichtig für die Gesundheit.

- **Treffen Sie Vereinbarungen.**
  Vereinbarung ist die stärkste Verpflichtung für Menschen. Sie ist nur zwischen Menschen möglich, die sich gegenseitig gleichwertig fühlen und akzeptieren. Das ist in einer Unternehmenshierarchie nicht möglich. Wenn Sie als Führungskraft einen Vorschlag machen und der Mitarbeiter sagt „ja" dazu - ist das psychisch betrachtet eine Anordnung, weil der Mitarbeiter keine Möglichkeit hat, „nein" zu sagen - entweder, weil er Sie schätzt, oder weil er Angst vor Ihnen hat. Eine nachhaltig belastbare Vereinbarung erreichen Sie nur, wenn Ihr Mitarbeiter einen Vorschlag macht, und Sie sich einverstanden erklären.

- **Interessieren Sie sich für alles, was Ihren Mitarbeitern wichtig ist**: seine Arbeit, Ideen, Hobbies, sein Privatleben usw. Damit erreichen Sie, von Ihren Mitarbeitern akzeptiert werden, d.h. Sie wechseln von der funktionalen Autorität zur persönlichen Autorität. Mit persönlicher Autorität wird das Führen leichter und konfliktfreier, und die Zusammenarbeit erfolgreicher und stressfreier.

- **Schenken Sie Ihren Mitarbeitern Vertrauen.**
  Ihre Mitarbeiter werden dieses Vertrauen zurückgeben. Vertrauen muss als Vorleistung Top-Down erarbeitet werden. Vertrauensvolle Zusammenarbeit ist schneller und effektiver als alle anderen Organisationsformen.

- **Machen Sie Erfolgsanalysen.**
  Erarbeiten Sie bei allen Ergebnissen oder Zwischenergebnissen den Anteil Ihrer Mitarbeiter am Erfolg.

Erfolgsanalysen sind das erfolgreichste Führungs-instrument. Der Mitarbeiter (und natürlich auch Sie) lernt dadurch seine Stärken, Strategien, Fähigkeiten usw. kennen.

Eine wertschätzende Mitarbeiterführung braucht vordergründig Zeit. Wenn Sie überlegen, was es Sie im Nachhinein an Zeit kostet - z.B. für Kontrolle, für Motivation, für Fehlzeitenersatz usw. usw. - dann rechnet es sich auf jeden Fall, diesen scheinbaren Mehraufwand zu betreiben.

## Was aufbaut, macht gesund

**Denkzettel: Mitarbeiterführung und Gesundheit**

- Akzeptieren Sie Ihre Mitarbeiter, dann werden auch Sie akzeptiert
- Fragen Sie die gesunden Mitarbeiter, was Sie besser machen können
- Gute Laune ausstrahlen, macht Ihre Mitarbeiter gesund
- Schlecht Laune ist Sabotage an der Gesundheit der Mitarbeiter
- Ein positives Betriebsklima ist für die Gesundheit der Mitarbeiter wichtig
- Ihre unternehmerische Zuversicht ist für die Gesundheit wichtig

# Moderation

**Moderation ermöglicht eine konfliktfreie Konsensbildung**

Wenn im beruflichen Alltag abzusehen ist, dass bei einem bestimmten Thema eine Einigung schwierig wird oder sich eine Diskussion „festgebissen" hat, ist es sinnvoll, einen Moderator einzusetzen.

Viele Unternehmen stellen hierfür externe oder interne Moderatoren zur Verfügung.

Wenn Sie als Kollege oder Mitarbeiter der Meinung sind, eine Moderation (übrigens die eleganteste Form der Mitarbeiterführung) wäre hilfreich, übernehmen Sie diese Rolle und halten dabei folgende Spielregeln ein:

Hauptaufgaben eines Moderators sind die Zielorientierung, (d.h., die Orientierung aller Aktivitäten der Teilnehmer auf ein konsensfähiges Ergebnis) und die eigene Neutralität (d.h. die Akzeptanz durch alle Teilnehmer sichern) zu wahren.

## 1. Wahrung der Zielorientierung

**Thema definieren und visualisieren**

Die Definition des Themas sollte so präzise und genau wie irgend möglich sein. Meist ist dazu ein iterativer Prozess notwendig, d.h., eine einleitende Diskussion, die es erst ermöglicht, den genauen Inhalt des Themas, zu definieren. Die Visualisierung des Themas, d.h. das Festhalten des Themas auf einer Flip-Chart an einer Projektionswand oder dergleichen, soll den Teilnehmern helfen, das Thema stets im Bewusstsein zu halten.

**Die Teilnehmer geben Statements ab**

Alle Teilnehmer oder einzelne Teilnehmer machen eine Aussage zur Sache, die folgende Bedingungen erfüllen muss:

- Es darf keine „Ich"-Aussage verwendet werden, da jede „Ich"-Aussage automatisch eine persönliche Stellungnahme darstellt.

- Es darf keine „Wir"-Aussage enthalten, da eine „Wir"-Aussage diejenigen implizit verein- nahmt, die anderer Meinung sind und eine „Wir"-Aus- sage damit automatisch zu einer Unterstellung wird und Widerstand hervorruft.

- Das Statement darf keine „Man"-Aussage enthalten, da „Man"-Aussagen zum einen unpersönlich wirken, zum anderen moralische Appelle bzw. Aussagen mit allgemeiner Gültigkeit beinhalten

- Ein Statement darf keine modalen Hilfswörter im Kon- ditional enthalten (wollte, sollte, könnte, dürfte), da es keinen Wunsch darstellen soll, sondern eine Tatsache darstellen soll.

D.h., das Statement ist eine klare, eindeutige Darstellung der realen oder erwarteten Situation.

## Steuern Sie durch offene Fragen

Offene Fragen sind alle Fragen, die mit einem Fragefürwort beginnen. Sie haben den Vorteil, dass der Antwortende sich frei und uneingeschränkt äußern kann. (Geschlossene Fra- gen sind alle Fragen, die mit einem Verb beginnen. Sie be- inhalten implizit immer die Meinung des Fragenden und las- sen es daher nicht mehr zu, dass der Gefragte frei antwor- ten kann.)

## Lassen Sie keine Nebenkampfschauplätze zu

Eine der Hauptaufgaben des Moderators bei Konfliktgesprä- chen ist es, die Teilnehmer, die dazu neigen, auf Themen auszuweichen, bei denen sie selbst sehr viel Know-how ha- ben, immer wieder durch geeignete Hinweise auf das Haupt- thema hinzuführen.

### Verbalisieren Sie die Beiträge der Teilnehmer

Verbalisieren bedeutet, die Wiederholung der Aussage des jeweiligen Teilnehmers mit anderen Worten als „Sie"-Aussage.

Dies ist die Hauptstrategie des Moderators, um Beiträge der Teilnehmer zusammenzufassen, auf den Punkt zu bringen und den anderen Teilnehmern zu verdeutlichen, was der Sprechende gemeint hat.

### Halten Sie jeden Konsens fest

Die wichtigste Aufgabe des Moderators ist es, den Erkenntnisfortschritt, d.h., die Punkte, die Argumente, bei denen sich alle Teilnehmer einig sind, sichtbar - z.B. an einer Flip-Chart - festzuhalten.

### Führen Sie einen Problemspeicher

Es hat sich bewährt, sichtbar alle Argumente und Themen festzuhalten, die nicht zu einem Konsens geführt werden können, bzw. die für die Zielorientierung irrelevant sind.

### Führen Sie Gesprächsregeln ein

Wenn es Ihnen als Moderator sinnvoll erscheint, können Sie entweder zu Beginn des Prozesses oder auch jederzeit während des Prozesses Regeln einführen, wie Sprechzeitbegrenzung, Rednerliste usw.

## 2. Wahrung der Neutralität

Wenn es Ihnen nicht gelingt, bei allen Teilnehmern den Eindruck zu gewinnen, dass Sie in der Frage des Konfliktes absolut neutral sind, haben Sie kaum eine Chance, den Konflikt zur Zufriedenheit aller Beteiligten zu bewältigen.

Dafür gelten folgende Regeln:

### Machen Sie keine eigenen Vorschläge

Als Moderator dürfen Sie absolut keine eigenen inhaltlichen Vorschläge machen, da Sie damit automatisch Partei ergreifen.

### Machen Sie keine Wertungen

Als Moderator dürfen Sie keine der Argumente, die die Teilnehmer bringen, keine der Stellungnahmen, positiv oder negativ bewerten.

### Bevorzugen oder benachteiligen Sie keine Teilnehmer

Es ist wichtig, dass Sie dafür sorgen, dass nicht einzelne Teilnehmer zu viel Sprechanteile bekommen, bzw. einzelne Teilnehmer überhaupt nicht Stellung nehmen. Es ist eine Ihrer wichtigsten Aufgaben, diese dann mit in den Prozess zu integrieren.

### Machen Sie keine „Ich-Aussagen"

Jede „Ich-Aussage" stellt automatisch eine Meinung oder persönliche Stellungnahme dar und die dürfen Sie nicht machen.

### Machen Sie keine „Wir-Aussagen"

„Wir-Aussagen" haben zur Folge, dass Teilnehmer sich von Ihnen „vereinnahmt" fühlen und das erzeugt Widerstand.

### Lassen Sie keine dominanten Akte zu

Es ist wichtig, dass Sie darauf achten, dass einzelne Teilnehmer anderen gegenüber, keine Schuldzuweisungen, keine Vorwürfe, keine Unterstellungen, Generalisierungen usw. vornehmen, da dies automatisch zu einer Eskalation des Prozesses führt.

### Lassen Sie keine Unterwerfung zu

Es ist wichtig, dass Sie auch einschreiten, sobald einzelne Teilnehmer Entschuldigungen, Rechtfertigungen usw. äußern, da damit ein partnerschaftlicher Prozess auf gleicher Augenhöhe nicht mehr gewährleistet ist.

Alle Vorschläge zur Wahrung der Zielorientierung und Neutralität können Sie auch anwenden, wenn Sie Ihre Mitarbeiter koordinativ führen wollen.

© Cartoon
Erik Liebermann

## Verzichten Sie in Konfliktsituationen auf Macht

### Denkzettel: Moderation

- Im Konflikt kann niemand Dominanz vertragen
- Mit Macht können Sie keinen Konflikt lösen
- Moderation schafft von allen akzeptierte Entscheidungen
- Sorgen Sie beim Moderieren für gleiche Augenhöhe
- Moderieren ist ein sehr erfolgreicher Führungsstil

# Motivation

## Motivieren heißt primär: Demotivation verhindern

Mitarbeiter wollen aktiv sein, sinnvolle Aufgaben erledigen und schätzen Tätigkeiten die spannend sind und, die Ihnen Spaß machen.

Unternehmen und deren Führungskräfte tun viel um, Ihre Mitarbeiter zu demotivieren.

## Motivationspsychologie

Die Motivationspsychologen sind sich einig, dass die Motive, die Beweggründe eines Menschen, etwas zu tun, die Befriedigung seiner Bedürfnisse sind.

Maslow hat mit seiner Bedürfnispyramide die verschiedenen Bedürfnisarten sehr klar strukturiert. Mit seiner Pyramide stellt er dar, dass erst, wenn die unterste Bedürfnisebene befriedigt ist, der Mensch sich um die kümmert. Das heißt, solange das Grundbedürfnis „Hunger" nicht gestillt ist, nehme ich mein Geld nicht, um ein schönes Bild für einen Freund (soziales Bedürfnis) zu kaufen, sondern kaufe mir etwas zu essen.

## Motivation

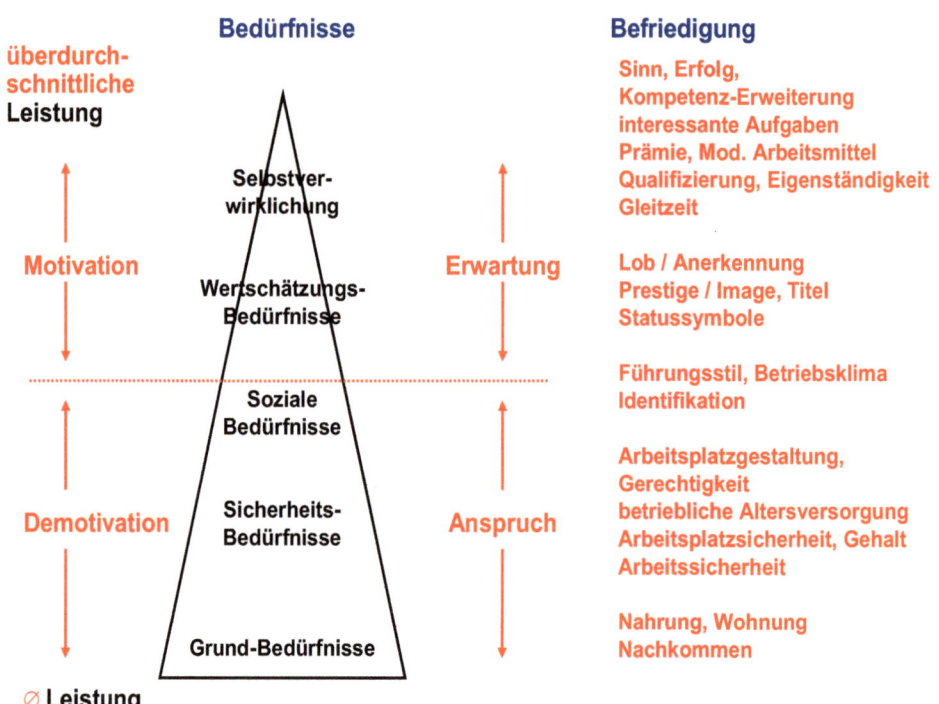

**Bedürfnisse**

**Befriedigung**

überdurch-
schnittliche
**Leistung**

**Sinn, Erfolg,**
**Kompetenz-Erweiterung**
**interessante Aufgaben**
**Prämie, Mod. Arbeitsmittel**
**Qualifizierung, Eigenständigkeit**
**Gleitzeit**

Selbstver-
wirklichung

**Motivation**

**Erwartung**

**Lob / Anerkennung**
**Prestige / Image, Titel**
**Statussymbole**

Wertschätzungs-
Bedürfnisse

**Führungsstil, Betriebsklima**
**Identifikation**

Soziale
Bedürfnisse

**Arbeitsplatzgestaltung,**
**Gerechtigkeit**
**betriebliche Altersversorgung**
**Arbeitsplatzsicherheit, Gehalt**
**Arbeitssicherheit**

**Demotivation**

Sicherheits-
Bedürfnisse

**Anspruch**

**Nahrung, Wohnung**
**Nachkommen**

Grund-Bedürfnisse

∅ **Leistung**

Unbefriedigte Bedürfnisse stellen Erwartungen dar.
Nicht erfüllte Ansprüche sind Demotivatoren.
Erfüllbare Erwartungen sind Motivatoren.

## Motivation

Jeder Mitarbeiter hat auf seiner eigenen Bedürfnispyramide
eine Linie, die seine Bedürfnisse, bei denen er subjektiv der
Meinung ist, dass er auf die Befriedigung dieser Bedürfnisse einen Anspruch hat, von den Bedürfnissen trennt, die
noch unerfüllt sind.

Beispiel: Wenn ich in dieser Firma arbeite, bekomme ich dafür Geld. Als Beamter habe ich Anspruch auf einen Arbeitsplatz, usw..

Die Befriedigung dieser Bedürfnisse, betrachtet der Mitarbeiter als selbstverständlich, d.h. Sie können damit niemand motivieren - im Gegenteil. Die Befriedigung solcher Bedürfnisse stellt Demotivatoren dar. Das meint, wenn die Befriedigung nicht mehr stattfindet, ist der Mitarbeiter demotiviert.

Wenn Sie dieses Defizit kompensieren, ist der Mitarbeiter zwar nicht mehr demotiviert – aber noch lange nicht motiviert.

Beispiel: Wenn alle Abteilungsleiter 4.000 Euro bekommen und ein anderer bekommt nur 3.000 Euro, dann ist er demotiviert. Selbst wenn er endlich auch 4.000 Euro bekommt, ist er noch lange nicht motiviert, sondern nur nicht mehr demotiviert, weil ihm seiner Meinung das gleiche Gehalt ja zusteht.

Die Demotivatoren heißen bei Herzberg „Hygienefaktoren", weil ihre Befriedigung sicherstellt, dass die Mitarbeiter nicht krank werden und durchschnittliche Leistung bringen.

Wenn Sie überdurchschnittliche Leistung bekommen wollen, müssen Sie sich um die Motivatoren, d.h. um die Befriedigung der Erwartungen kümmern. Hierbei gilt, erst wenn die Demotivatoren beseitigt sind, zeigen die Motivatoren ihre volle Wirkung.

D.h. in intensiven Mitarbeitergesprächen analysieren Sie die Demotivatoren und die Erwartungen der Mitarbeiter, um die Rahmenbedingungen entsprechend zu gestalten bzw. Ihre Führungsinstrumente entsprechend einzusetzen.

## Motivation: Komponenten

Die Motivation lässt sich in drei Komponenten aufteilen:

| Demotivatoren: | Fremdmotivation: | Selbstmotivation: |
|---|---|---|
| Ungerechte Entlohnung | Sonderaufgaben | Eigene Ziele verwirklichen |
| Unsicherer Arbeitsplatz | Leistungs- komponente | Sinnvolle Aufgaben erledigen |
| Veraltete Arbeitsmittel | Leistungs- prämie | Eigene Fähigkeiten nutzen |
| Schlechtes Betriebsklima | Anerkennung | Eigene Erfolgser- lebnisse |
| Fehlende Arbeitssicherheit | Konstruktive Kritik | Kompetenz- erweiterung |
| | Statussymbole | Eigenständigkeit |
| | Weiterbildung | Vertrauen |
| | Förderung | Selbstbestimmung der Arbeitszeit |
| | interessante, andere, neue Aufgaben | Selbstbestimmung des Arbeitsortes |
| | Befugnis- erweiterung | Teamarbeit mit sympathischen Menschen |
| | Karriere-Chancen | Freiräume |

## Motivationswert

**Lob** ist die pauschale Bewertung einer **Person**.
z.B.: Das haben Sie gut gemacht Huber

Anerkennung erläutert dem Mitarbeiter die **Gründe**, die zu seinem Erfolg führten.

z.B.: Wie Sie bei Ihrer Präsentation am Schluss den Appell formuliert haben, war großartig

Erfolgsanalyse erarbeitet den Beitrag des Mitarbeiters an seinem **Erfolg**.

z.B.: Bei Ihrem Vortrag hat man gesehen, dass Sie sowohl analytisch als auch strategisch denken können.

100% Motivationswert

**Erfolgsanalyse**  →

**Anerkennung** (Gründe + Bewertung)  →

**Lob** (Allgemeine Bewertung)  →

0% Motivationswert

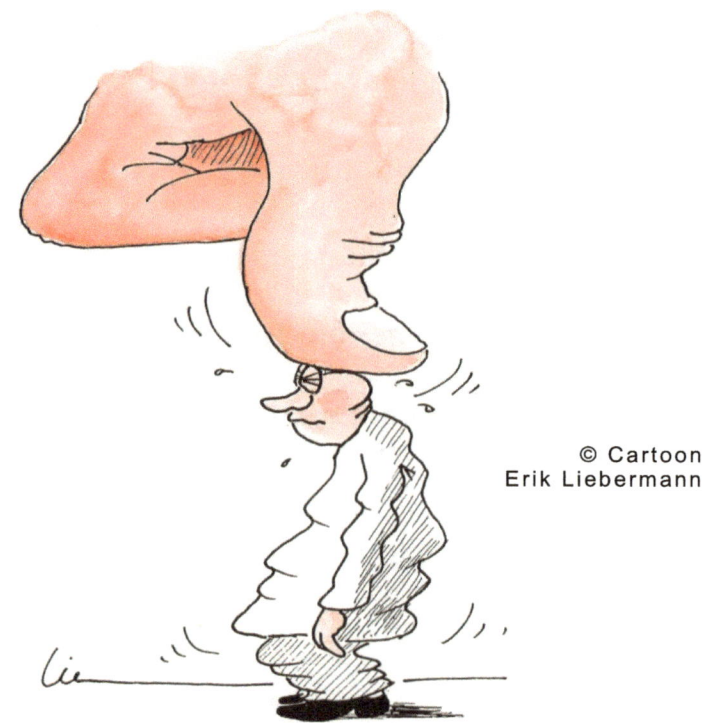

© Cartoon
Erik Liebermann

**Motivieren statt Druck ausüben**

## Denkzettel: Motivation

- Selbstmotivation führt zur Selbstständigkeit.
- Eigene Ziele motivieren sehr stark
- Nicht erfüllte Ansprüche sind Demotivatoren.
- Erfüllbare Erwartungen sind Motivatoren.
- Erst wenn die Demotivatoren ausgeräumt sind, erreichen die Motivatoren ihre volle Wirkung.
- Eigene Bedürfnisse zu befriedigen führen zu einem erfüllten Leben

# Selbstheilungskräfte

Albert Schweizer meinte: „Wir Ärzte tun nichts anderes, als den Doktor im Inneren anzuspornen. Alles Heilen ist Selbstheilung".

Delegieren Sie die Verantwortung für Ihre Genesung nicht an den Arzt, sondern unterstützen Sie den Heilungsprozess durch Ihr physisches -mentales und soziales Verhalten.

Unser Körper heilt sich permanent selbst - denken Sie an kleine Wunden, den Schnupfen, die Erkältung, eine Infektion usw. usw. Ärzte sagen oft ironisch ohne Medikamente dauert die Grippe 7 Tage und mit Medikamenten eine Woche.

Alte Kulturen stellten für den Heilungsprozess eine Verbindung von Körper und Geist oder Seele her. Erst die „wissenschaftliche" Medizin trennte den Geist ab und konzentrierte sich überwiegend auf den Körper.

Bei einer großen Untersuchung über die Wirkung unterschiedliche Therapieformen stellte sie heraus, dass die Persönlichkeit des Arztes die wichtigste Komponente für den Erfolg der Therapie darstellt.

Menschen mit einer positiven Grundeinstellung sind generell besser gegen Krankheiten geschützt und haben eine höhere Lebenserwartung.

Freude, Spaß, gute Freunde usw. sind Placebos.

Chronischer Stress, Ärger, Sorgen usw. sind Nocebos.

## Selbstheilungskräfte aktivieren

Ihre Selbstheilungskräfte aktivieren Sie z.B. wenn Sie zu einem Arzt oder Therapeuten gehen, zu dem Sie Vertrauen haben der sich um die Hintergründe Ihrer Symptome kümmert, den Ihre Erwartungen und Bedürfnisse interessieren und der eine klare Diagnose mit Perspektive stellt - das wirkt wie ein Placebo, Sie erreichen dadurch wesentlich schnellere Heilungsprozesse.

Ihre Selbstheilungskräfte aktivieren Sie, wenn Sie Ihre Gedanken zu Ihrer Krankheit, Ihre Ängste und Sorgen regelmäßig mit einem guten Freund, Ihrer Familie oder einer Selbsthilfegruppe austauschen und von dort neben dem „Mitleiden" vor allem positive Unterstützung bekommen.

Ihre Selbstheilungskräfte aktivieren Sie, wenn Sie sobald negative Gedanken bei Ihnen auftauchen, Sie diese sofort unterbrechen z.B. dadurch, dass Sie anfangen Pläne zu machen, sich auf etwas freuen, etwas vorbereiten usw.

Ihre Selbstheilungskräfte aktivieren Sie, wenn Sie mit einer qualifizierten Entspannungstechnik oder Mentalem Training neue Energie in Ihren Körper Pumpen.

Ihre Selbstheilungskräfte aktivieren Sie, wenn Sie bewusst ein Vertrauen in die Therapiemaßnahmen und den Therapeuten entwickeln und beim Heilungsprozess aktiv mitwirken.

© Cartoon
Erik Liebermann

**Vertrauen zum Arzt stärkt Ihre Selbstheilungskräfte**

## Denkzettel: Selbstheilungskräfte

- **Pflegen Sie Positive Erinnerungen, sie stärken Ihre Selbstheilungskräfte**

- **Strahlen Sie gute Laune aus, das macht Sie gesund Ayurveda: Der Mensch braucht körperliche, geistige und emotionale Nahrung, um gesund zu werden.**

- **Lassen Sie sich von Gesunden anstecken.**

- **Machen Sie Gesundheit zu Ihrer Einstellung**

- **Strahlen Sie Selbstvertrauen aus, das macht Sie gesund**

# Selbstwertgefühl der Mitarbeiter

## Das Selbstwertgefühl der Mitarbeiter bestimmt Ihren eigenen Erfolg

Wenn Sie als Führungskraft erfolgreich sein wollen, brauchen Sie Mitarbeiter, die ein stabiles Selbstwertgefühl haben. Mitarbeiter mit Selbstwertgefühl sind in der Lage, eigenverantwortlich in Ihrem Sinne tätig zu werden. Sie sind innovativ, übernehmen Verantwortung und brauchen weniger Kontrolle, usw. usw.

Es lohnt sich also für Sie, Ihre Mitarbeiter so zu führen, dass sie - indem sie für Sie arbeiten - immer mehr Selbstwertgefühl entwickeln.

Zu unterscheiden ist zwischen Selbstvertrauen und Selbstwertgefühl:

Selbstvertrauen ist der subjektive Glaube an die eigenen Fähigkeiten, der sich überwiegend in der frühen Kindheit entwickelt. Bei Mitarbeitern mit ausgeprägtem Selbstvertrauen besteht die Gefahr, dass sie sich überschätzen, Aufgaben übernehmen, denen sie nicht gewachsen sind, Fehler kaschieren usw. .

Selbstwertgefühl dagegen ist die bewusst entwickelte Kenntnis der eigenen Stärken, Fertigkeiten und Fähigkeiten. Der Mitarbeiter mit Selbstwertgefühl kann genau abschätzen, welche Aufgaben er allein bewältigen kann und wo er Unterstützung braucht. Mitarbeiter, denen Sie helfen, ihr Selbstwertgefühl ständig weiter zu entwickeln, werden für Sie immer wertvoller.

Das Selbstwertgefühl ist ein sehr komplexer Bestandteil der menschlichen Persönlichkeit; d.h. Sie müssen für jeden Mitarbeiter andere Strategien anwenden.

Im Folgenden finden Sie einige Strategien zur Auswahl:

142

# Eigenverantwortung

Animieren Sie Ihre Mitarbeiter, eigene Ideen, Vorschläge usw. eigeninitiativ umzusetzen.

Wenn Ihr Mitarbeiter hierbei einen Misserfolg erlebt, würde jede Schuldzuweisung, Ursachensuche, Misserfolgsanalyse usw. direkt oder indirekt Minderwertgefühle provozieren Regen Sie deshalb an, dass er beim nächsten Mal einen anderen Weg wählt oder eine andere Strategie verfolgt.

Wenn Ihr Mitarbeiter hierbei einen Erfolg erlebt, machen Sie mit ihm gemeinsam eine Erfolgsanalyse, d.h. Sie analysieren seinen Anteil an dem Erfolg und leisten damit einen Beitrag zur Stabilisierung seines Selbstwertgefühls.

## Schaffen Sie biophile Rahmenbedingungen

Wenn Sie in Ihrem Verantwortungsbereich biophile, d.h. lebensbejahende Rahmenbedingungen schaffen, ist es leichter, Leistungsbereitschaft, Spaß an der Zusammenarbeit, Spaß an der Arbeit und Erfolgsorientierung zu erreichen.

## Biophile Rahmenbedingungen schaffen, bedeutet:

- Sorgen Sie dafür, dass Ihre Mitarbeiter sich gleichwertig fühlen. Verhindern Sie gegenseitige dominante Akte, wie Schuldzuweisung, Vorwürfe usw., und verhindern Sie Unterwerfungen, wie Entschuldigungen Rechtfertigungen usw. .Wenn Sie sich bewusst machen, dass Schuldzuweisung lediglich der Versuch ist, Macht auszuüben, werden Sie selbst auch auf Schuldzuweisung verzichten - nach dem Motto: Autoritäres Verhalten ist nur eine Kompensation von fehlender Autorität.

- Sorgen Sie dafür, dass Ihre Mitarbeiter ihr soziales Umfeld positiv wahrnehmen. Verhindern Sie, dass Ihre Mitarbeiter über das Unternehmen, Führungskräfte, Kollegen, Kunden, Lieferanten usw. „meckern". Dies führt dazu, dass sie in Zukunft vor allem das Negative wahrnehmen und damit das gesamte Arbeitsklima herunterfährt.

- Kritisieren Sie nur das Verhalten – nie den Mitarbeiter. Jede Kritik an der Person reduziert das Selbstwertgefühl. Sprechen Sie grundsätzlich mehr Anerkennung als Kritik aus. Ob Sie bei Ihren Mitarbeitern etwas Positives oder etwas Negatives wahrnehmen, hängt nur von Ihrer Einstellung zu sich ab (z.B. Kompensation von latenten Minderwertgefühlen wie „Ich muss dafür sorgen, dass der Mitarbeiter klein bleibt") oder von Ihrer Einstellung zum Mitarbeiter. Die Antwort auf die Frage: „Ist der Mitarbeiter schlecht, weil ich ihn nicht mag oder mag ich ihn nicht, weil er schlecht ist?" setzt seriöses Nachdenken voraus.

- Feiern Sie Erfolge, wenn z.B. eine Präsentation, ein Projekt oder ein Arbeitsziel erreicht ist. Setzen Sie sich mit Ihren Mitarbeitern zusammen und richten damit die Aufmerksamkeit auf dieses positive Ergebnis. Die aufgewendete Zeit kommt mehrfach wieder zurück.

## Gehen Sie mit Fehlern konstruktiv um

Sie brauchen eine fehlerfreundliche Fehlersituation, sonst werden Sie selbst und Ihre Mitarbeiter fehlertolerant; d.h. Sie neigen dazu, Fehler zu tolerieren und Ihre Mitarbeiter beginnen, Fehler zu kaschieren. Es gilt:

- Mitarbeiter, die nichts unternehmen, die nichts riskieren, machen keine Fehler – sie tragen allerdings auch wenig zu Ihrem Erfolg bei.

- Nur Mitarbeiter, die handeln können Fehler machen

- Belohnen Sie Mitarbeiter, die eigene Fehler offenbaren.

- Akzeptieren Sie nicht, dass Mitarbeiter auf Fehler von Kollegen hinweisen. Sie sollen diese selbst ansprechen.

- Sanktionieren Sie Mitarbeiter, die eigene Fehler kaschieren.

- Kein Mitarbeiter darf denselben Fehler zweimal machen.

Erreichen Sie akzeptierte Verhaltensänderungen nach Misserfolgen:

- Beschreiben Sie den kritikwürdigen Sachverhalt oder das Verhalten. Beschreiben Sie mit ZDF (Zahlen, Daten, Fakten) und nicht mit Bewertungen.
- Fragen Sie Ihren Mitarbeiter nach Lösungsvorschlägen. Jeder Vorschlag, den Sie selbst machen leitet die Rückdelegation ein.
- Vereinbaren Sie einen geeigneten Vorschlag, um eine Verhaltensänderung zu erreichen.

**Sorgen Sie für positive Gewissheiten**

Gewissheiten oder mentale Modelle sind subjektive Überzeugungen, die wir für wahr halten.

Gewissheiten benötigen wir, da sie uns Sicherheit bei unseren Bewertungen und Entscheidungen geben.

Da wir ein Bedürfnis nach Sicherheit bei Entscheidungen, für unser Verhalten und für unsere Einschätzungen haben, sind wir nicht bereit, unsere Gewissheiten infrage zu stellen.

*„Unsere Gewissheiten sind unsere Gefängnisse"*

Albert Camus

Für eine konstruktive Zusammenarbeit und eine leistungsförderliche Arbeitssituation ist es wichtig, dass Ihre Mitarbeiter realitätsdichte und positive Gewissheiten haben.

Wenn Sie feststellen, dass Ihre Mitarbeiter negative Gewissheiten äußern oder praktizieren, ist es wichtig, dass Sie sofort gegensteuern, indem Sie die Äußerungen auf ihre Realitätsdichte hinterfragen oder positive Gewissheiten dagegensetzen:

**Beispiele für Gewissheiten:**

**Negative Gewissheiten:**

- Man muss misstrauisch sein
- Im Frühjahr bekomme ich eine Grippe
- Das ist schwierig
- Der Kollege XY liefert keine brauchbaren Ergebnisse
- Der Kunde XY ist lästig
- Der Lieferant liefert miserable Qualität
- Bei Föhn bekomme ich Kopfschmerzen
- Mitarbeiter müssen kontrolliert werden

**Positive Gewissheiten:**

- Ich vertraue Menschen
- Ich bin gesund
- Das schaffe ich
- Ich kann Ungarisch lernen
- Bei Föhn geht es mir gut
- Mitarbeiter können eigenverantwortlich arbeiten
- Mein Immunsystem ist stabil
- Ich erreiche meine Ziele

### Lassen Sie Ihren Mitarbeitern Erfolgserlebnisse zukommen

Ein konstruktives Selbstwertgefühl entwickelt sich wesentlich auf der Basis von eigenen Erfolgserlebnissen.

### Erfolg ist: Ein eigenes Ziel erreichen

Wenn Sie Ihrem Mitarbeiter die Situation schildern, die zu bewältigen ist, und ihn veranlassen, sich daraus sein Arbeitsziel abzuleiten, erreichen Sie, dass er subjektiv der Meinung ist, sein eigenes Ziel zu verfolgen. Das wiederum wirkt sich positiv auf seine Motivation und die Qualität

146

seiner Arbeit aus und stärkt damit sein Selbstwertgefühl.

Darüber hinaus ist es wichtig, dass Sie Ihren Mitarbeiter anregen, seine Erfolge selbst zu registrieren, was ihr Selbstwertgefühls direkt stabilisiert.

Zusätzliche (gemeinsame) Erfolgsanalysen lassen Ihre Mitarbeiter ihre erfolgreichen Eigenschaften, Stärken, Kenntnisse usw. erkennen.

Wenn Sie regelmäßig Erfolgsanalysen mir Ihren Mitarbeitern machen, bekommen Sie ein Stärkenprofil von ihnen, dass es Ihnen ermöglicht, zukünftige Aufgabenverteilung und zukünftige Erfolge besser zu planen.

### Verzichten Sie auf Misserfolgsanalyse

Ursachenanalyse bei Misserfolg hat folgende Nachteile:

- Die Misserfolgsanalyse wird von dem Betroffenen als kaschierte Schuldzuweisung erlebt und führt zu seiner Rechtfertigung.

- Die Kreativität wird auf Reparaturdienstverhalten eingeschränkt; d.h. es wird nur der erkannte Fehler behoben, es wird auf andere kreative Lösungen verzichtet.

- Die Diskussion führt zu einem Nebenkampfschauplatz, den der Vorgesetzte immer verliert.

- Das Selbstwertgefühl des Betroffenen wird eher reduziert.

- Die Intelligenz des Betroffenen wird für die Rechtfertigungskreativität verwendet; d.h. er lernt zu begründen, warum er nicht schuld ist oder warum das nicht funktionieren konnte, und nicht für die Lösungskreativität. usw.

Daher: Bei Misserfolg neue Lösungen suchen!

Bei erfolgreich abgeschlossenen Vorhaben ist es wichtig zu analysieren, wie der Erfolg entstanden ist, um Erfolgsfaktoren für zukünftige Erfolge festzustellen.

Daher: **Bei Erfolg Ursachen analysieren**!
Machen Sie regelmäßig Erfolgsanalysen!

Es ist wichtig, bei erfolgreich abgeschlossenen Aktivitäten zu analysieren, welche eigenen Stärken, d.h.

- Eigenschaften
- Vorgehensweisen
- Fähigkeiten
- Verhaltensweisen
- Techniken
- Strategien
- usw.

die zum Erfolg geführt oder beigetragen haben.
(Am wirkungsvollsten geht das im Alpha-Zustand.)

Es ist eine Ihre wesentlichen Aufgaben, Ihre Mitarbeiter bei der Erfolgsanalyse zu unterstützen und mit ihnen gemeinsam Erfolgsstrategien für die Zukunft zu entwickeln.

Das Registrieren und Analysieren von Erfolgen ist ein wesentlicher Beitrag zur Stabilisierung des Selbstwertgefühls Ihrer Mitarbeiter.

### Sorgen Sie dafür, dass Ihre Mitarbeiter „Nein" sagen

Wenn ein Kollege, eine andere Führungskraft oder jemand aus einer anderen Abteilung mit einer Bitte, einem Anliegen usw. zu einem Ihrer Mitarbeiter kommt, ist die Versuchung groß, demjenigen diesen Gefallen zu tun.

Es gibt viele gute Gründe für Ihre Mitarbeiter dafür, solche Dinge anzunehmen; z.B.:

- sie bekommen Anerkennung
- die anderen sind ihm dankbar
- sie fühlen sich wichtig
- sie können mitreden
- sie fühlen sich akzeptiert

und sie haben dadurch weniger Zeit für ihre eigentliche Arbeit.

Sorgen Sie dafür, dass Ihre Mitarbeiter alle Gefälligkeiten ablehnen, die unzumutbar und unwichtig sind.

Mitarbeiter, die "nein" sagen können, erleben, dass

- **die Akzeptanz ihrer Person steigt,**
- **die Qualität Ihrer Arbeit zunimmt.**

Beides sind wesentliche Komponenten eines konstruktiven Selbstwertgefühls.

Sorgen Sie dafür, dass Ihre Mitarbeiter in Lösungen denken

Aufgabe unseres Verstandes ist es, für unsere Lebenssituationen und Arbeitssituationen Lösungen zu finden.

Wenn Ihre Mitarbeiter ihren Verstand missbrauchen, um zu begründen, warum sie eine Aufgabe nicht erledigen können oder warum diese nicht lösbar ist, müssen Sie sofort dagegen einschreiten.

Wenn diese Art des Denkens zur Gewohnheit wird, sind Sie bald der Einzige, der noch ergebnisorientiert arbeitet.

Die üblichen Verhaltensweisen Ihrer Mitarbeiter, wie Probleme oder Schwierigkeiten sehen, sind ein Missbrauch der Intelligenz,

Wir können Probleme und Schwierigkeiten nicht sehen, hören, schmecken, riechen oder anfassen, d.h. wir können sie nicht wahrnehmen, wir konstruieren sie – unbewusst – um zu vermeiden.

Machen Sie Ihrem Mitarbeiter klar, dass die Aufgabe eine Chance, eine Herausforderung darstellt. Sie lernen dabei selbst, sie als solche zu sehen und Sie eröffnen die Chance, dass er sie engagiert erledigt.

Ein weiterer beliebter Missbrauch der Intelligenz ist es, Gründe zu finden, warum etwas nicht geht. Ihre Mitarbeiter bekommen ihr Gehalt dafür, dass sie überlegen, wie es geht. Bedenken bringen Sie nicht weiter; d.h. wenn in einer Besprechung ein „Reichsbedenkenträger" einen Beitrag bringt, der das Team nicht weiterbringt, unterbrechen Sie Ihn und weisen darauf hin, dass es nur darum geht, in Lösungen zu denken.

## „Ja, aber"- Strategie

Die Mitarbeiter geben Ihnen zunächst Recht: „das ist richtig" und nach dem „aber" kommen dann die Gegenargumente.

Jedes Wort vor dem „Aber" ist eine Lüge.

Regen Sie an, dass Ihre Mitarbeiter „ja, aber..." ersetzen durch „deswegen", „das heisst" oder „das bedeutet" und Sie bekommen ergebnisorientierte Vorschläge.

## Selbstwertgefühl: Strategie

Als Führungskraft haben Sie mehrere Möglichkeiten das Selbstwertgefühl Ihrer Mitarbeiter aufzubauen:

- Lassen Sie Ihre Mitarbeiter eigenverantwortlich handeln
- Schaffen Sie biophile Rahmenbedingungen
- Gehen Sie mit Fehlern konstruktiv um
- Sorgen Sie für positive Gewissheiten
- Lassen Sie Ihren Mitarbeitern Erfolgserlebnisse zukommen
- Verzichten Sie auf Misserfolgsanalyse
- Machen Sie regelmäßig Erfolgsanalyse
- Sorgen Sie dafür, dass Ihre Mitarbeiter sich trauen, „nein" zu sagen
- Sorgen Sie dafür, dass Ihre Mitarbeiter in Lösungen denken

und Sie werden mit Hilfe Ihrer Mitarbeiter erfolgreicher sein und das stärkt auch Ihr eigenes Selbstwertgefühl.

Lassen Sie Ihre Mitarbeiter eigenverantwortlich handeln.

Selbstwertgefühl entsteht durch Handeln, nicht durch Unterlassen.

150

© Cartoon
Erik Liebermann

## Steigern Sie das Selbstwertgefühl Ihrer Mitarbeiter

### Denkzettel: Selbstwertgefühl

- Befugnisse sind die Basis für Selbstwertgefühl
- Zuversicht steigert das Selbstwertgefühl Ihrer Mitarbeiter
- Regelmäßige Erfolgsanalysen stabilisieren das Selbstwertgefühl
- Die Ursache für scheitern ist häufig fehlendes Selbstwertgefühl
- Nur Mitarbeiter mit Selbstwertgefühl können gelassen sein
- Wir kommen nicht mit einem negativen Selbstwertgefühl auf die Welt – unsere Erziehung macht und klein
- Wer Selbstwertgefühl hat, braucht anderen keine Anerkennung mehr abringen

151

# Streiten

## Streiten ist Hilflosigkeit

In Unternehmen kommt es immer wieder zu Streitereien. Wenn Sie für eine sozial verträgliche Streitkultur sorgen, können Sie viel Schaden verhindern.

Einen Streit brechen wir in der Regel vom Zaun, wenn wir keine Alternativen mehr sehen können; d.h. wenn wir hilflos sind. Die übliche Kompensation dieser Hilflosigkeit ist dominantes Verhalten, wie Schuldzuweisungen, Vorwürfe, Unterstellungen, Anweisungen usw. Da niemand im Streit Dominanz ertragen kann, erzeugen wir damit nur Widerstand.

Ein Streit entsteht in der Regel dadurch, dass einer der am Streit Beteiligten einen „Intrapersonalen (inneren) Konflikt" hat, diesen nicht selbst aufarbeiten kann und sich nicht anders helfen kann, als den anderen anzugreifen.

Streiten ist Konfliktvermeidung und bringt in der Regel keine Lösung.

Wenn wir uns ärgern oder wenn wir verletzt sind, schüttet unser Gehirn Adrenalin. Adrenalin macht uns kampfbereit, verhindert aber auch, dass wir vernünftig und bewusst handeln können. In der Regel sind wir auch nicht in der Lage, auf das Streiten zu verzichten. Wenn wir Adrenalin geschüttet haben, können wir auch nicht erkennen, dass man die Situation auch anders wahrnehmen kann; d.h. wir halten unsere Wirklichkeit für die Realität und sind felsenfest davon überzeugt, dass wir im Recht sind und unser Partner die Situation falsch sieht.

Die psychologische Erkenntnis, dass jeder Mensch durch seine Wahrnehmung sich seine eigene Wirklichkeit schafft, gilt für vor allem, wenn wir uns ärgern.

Es gibt meine Wirklichkeit, Deine Wirklichkeit und die Realität

Andererseits dient ein Streit unserer emotionellen Entlastung und verhindert, dass wir Dinge, die uns ärgern, „schlucken" und damit die Grundlage für Somatisierungen, d.h. die Basis für Krankheiten schaffen.

Wenn wir das Bedürfnis haben zu streiten, fällt es uns sehr schwer, darauf zu verzichten.

Vermeiden Sie im Konflikt folgende Vorgehensweisen:

# Eskalation

### Vermeiden Sie im Streit Generalisierungen.

Generalisierungen werden von Ihrem Partner als Verletzungsabsicht empfunden. Mit Formulierungen, wie «Nie ist Ihr Arbeitsplatz aufgeräumt", oder „Dauernd kommen Sie zu spät" sprechen Sie nicht über einen Sachverhalt, sondern greifen Ihren Partner an.

### Vermeiden Sie Aufzählungen.

Formulierungen, wie: „Gestern, am Montag und am Dienstag sind Sie zu spät zum Meeting gekommen", werden von Ihrem Partner als dominantes Verhalten erlebt und reduzieren die Akzeptanz.

Wenn ein Sachverhalt, der Sie ärgert, öfter passiert, nehmen Sie ein Beispiel heraus, um Ihre Wirklichkeit darzustellen. Z.B. „Am Dienstag sind Sie eine halbe Stunde zu spät zum Meeting gekommen, ich erlebe das als geringe Wertschätzung der anderen Teilnehmer".

### Verzichten Sie auf Ratschläge, Vorschläge oder Hilfsangebote.

Sie werden meist als Demütigung empfunden.

Verzichten Sie auf Schuldzuweisungen.
Formulierungen wie „Sie haben sich zu wenig um unsere Azubis gekümmert" oder „Sie haben zu teuer eingekauft", sind ein Versuch, Macht auszuüben und sind daher kontraproduktiv. Sie erhöhen nur den Widerstand.

**Vermeiden Sie Unterstellungen.**

Formulierungen wie „Sie wissen doch ganz genau" sind sehr dominant und erzeugen auch nur Widerstand.

Vermeiden Sie Wertungen.
Sie können Wertungen immer durch Fakten ersetzen. Statt „Sie haben für die Arbeitsvorbereitung viel zu lange gebraucht" können Sie auch sagen, „Sie haben 20 Minuten für die Arbeitsvorbereitung gebraucht". Das ist nicht angreifbar.


## Reaktion

Wenn Ihr Partner seine Frustration dadurch loswerden will, dass er mit Ihnen zu streiten beginnt, müssen Sie sich bewusst machen, dass

- er einen Konflikt hat und nicht Sie

- wenn Sie sich auf den Streit einlassen, es einen Verlierer gibt

- wenn Sie „zurückschlagen", es zu einer Eskalation kommt

- jede dominante Reaktion zu Machtkämpfen führt.

Nur, wenn Sie auf die Schuldzuweisungen, Vorwürfe, Unterstellungen oder Beleidigungen usw. nicht eingehen, haben Sie eine Chance, dass die Atmosphäre sich wieder beruhigt.

Wichtig ist, dass Sie bei Gelegenheit Ihren Partner auf das strittige Thema ansprechen und vereinbaren, wie Sie damit in Zukunft umgehen.

**Aggression ist Hilflosigkeit**

## Denkzettel: Streiten

- **Jeder Ratschlag ist auch ein Schlag**
- **Die richtige Reaktion auf Schuldzuweisung nimmt dem Angreifer die Macht**
- **Der Streitsuchende hat das Problem, nicht der Empfänger**
- **Gewinnen können Sie nur, wenn Sie nicht zurückschlagen**
- **Es gibt: meine Wirklichkeit, Deine Wirklichkeit und die Realität**
- **Im Streit kann niemand Dominanz vertragen**
- **Streiten löst keine Konflikte**
- **Ignorieren Sie persönliche Angriffe**

# To-Do-Liste als Führungsinstrument

## Planungsprinzipien: Führen

Im beruflichen Alltag ist in vielen Fällen die Entscheidung zwischen Dringlichkeit (D) und Wichtigkeit bzw. Priorität (P) zu treffen.

Werden dringende Aufgaben nicht erledigt, hat das in der Regel unmittelbar unangenehme Konsequenzen, weil irgendeine zentrale Einrichtung des Unternehmens auf der termingerechten Ablieferung des Berichts usw. besteht.

Wichtige Aufgaben sind im Allgemeinen langfristig angelegt und liegen in der Regel in der Eigenverantwortung der Führungskraft, so dass ihre Nichterledigung häufig keine unmittelbaren Konsequenzen hat. Deshalb verdrängen die eiligen Aufgaben sehr oft die wichtigen Aufgaben.

Der eigene Erfolg, der gemeinsame Erfolg mit dem Mitarbeiter und der Erfolg des Unternehmens werden aber vom Erledigen der wichtigen Aufgaben bestimmt.

Deshalb ist es entscheidend, bei der Erledigung von Aufgaben gleichzeitig die Dringlichkeit (1/2/3) und die Wichtigkeit (ABC) zu berücksichtigen.

Für den langfristigen Erfolg ist das Erledigen der A3-Aufgaben wichtig

| | Dringlichkeit | | |
|---|---|---|---|
| | **1** | **2** | **3** |
| **A** | Sofort erledigen<br>✓<br><br>A1 | Planen<br>SZ<br><br>A2 | Konsequent planen<br>SZ + MS<br><br>A3 |
| **B** | Delegieren<br>mit sofortiger<br>Kontrolle<br>D + K<br>B1 | Delegieren<br>mit geplanter<br>Kontrolle<br>D + KZ<br>B2 | Delegieren mit kon-<br>sequent geplanter<br>Kontrolle<br>D + KZ + MS<br>B3 |
| **C** | Übertragen in<br>die Eigenver-<br>antwortung<br>übertragen<br>C1 | Ist eine wichti-<br>gere Aufgabe<br>zu erledigen?<br>?<br>C2 | Ist die Aufgabe not-<br>wendig?<br><br>??<br>C3 |

**Wichtigkeit**

SZ =Sperrzeit MS = Meilenstein     KZ = Kontaktzeit

## Wichtigkeit:

- A = Aufgabe ist sehr wichtig,
    - z.B. nicht delegierbar, selbst erledigen
- B = Aufgabe ist wichtig,
    - z.B. delegierbar mit Kontrolle
- C = Aufgabe ist weniger wichtig,
    - z.B. übertragbar ohne Kontrolle

## Dringlichkeit:

- 1 = enger zeitlicher Spielraum
- 2 = mittlerer zeitlicher Spielraum
- 3 = großer zeitlicher Spielraum

# Erledigen der Aufgaben

- **A1-Aufgaben**: erledigen Sie sofort.
- **A2-Aufgaben**: hierfür richten Sie Sperrzeiten ein (z.B. jeden Tag 2 Stunden von 16.00-18.00 Uhr), in denen Sie nur Aufgaben erledigen, für die ein mittlerer Bearbeitungszeitraum (z.B. 1 Woche) zur Verfügung steht.
- **A3-Aufgaben**: Für alle langfristigen wichtigen Aufgaben richten Sie Sperrzeiten mit Meilensteinen (Zwischenzielen) ein
- **B1-Aufgaben**: Delegieren Sie an einen Mitarbeiter und lassen sich das Ergebnis sofort nach Erledigung vorlegen.
- **B2-Aufgaben**: Delegieren Sie an Ihre Mitarbeiter und vereinbaren eine Kontaktzeit (z.B. Freitag, 12-14.00 Uhr), während der Sie mit Ihren Mitarbeitern das Ergebnis durchsprechen.
- **B3-Aufgaben**: Delegieren Sie an Ihre Mitarbeiter und vereinbaren mehrere Meilensteine für Zwischenkontrollen, bei denen Sie die Zwischenergebnisse durchsprechen.
- **C-Aufgaben**: Übertragen Sie in die Eigenverantwortung der Mitarbeiter. Sie brauchen sie nicht mehr zu kontrollieren

## To-Do-Liste: Anwendung

Die To-Do-Liste ist eines der effektivsten Führungsinstrumente.

Sie muss möglichst übersichtlich und einfach zu handhaben sein.

Jede Aktivität enthält nur ein Substantiv und ein Verb.

Sie hat drei Rubriken: A-Aufgaben, B-Aufgaben und C-Aufgaben.

In der Regel sind die B-Aufgaben der Führungskraft die A-Aufgaben des Mitarbeiters.

An der To-Do-Liste des Mitarbeiters können Sie seine Effektivität erkennen.

Sie können das Ergebnisprotokoll einer Besprechung direkt als To Do Liste formulieren.

Sie sprechen mit Ihrem Mitarbeiter die fehlenden Aufgaben und die nicht erledigten Aufgaben regelmäßig durch.

## Vorgehensweise

### Top-Down:

Im Sinne einer Führungskaskade werden die Aufgaben an die Führungskräfte vermittelt.

### Bottom-up:

Die Kontrolle der Aufgabenerledigung von unten nach oben:

Jede Führungskraft bespricht mit jedem ihrer Mitarbeiter (am besten mit allen gleichzeitig) die Aufgaben für den nächsten Planungszeitraum. Priorität und Termine werden gemeinsam festgelegt.

Die Mitarbeiter tragen alle Aufgaben in eine To-Do-Liste ein und haken die Aufgaben nach ihrer Erledigung ab. Spätestens zu einem festgelegten Termin sprechen die Mitarbeiter die nicht erledigten Aufgaben mit ihrer Führungskraft durch. Dabei machen die Mitarbeiter Vorschläge, was sie unternehmen, um ihre unerledigten Aufgaben möglichst termingerecht erledigen zu können.

Die Führungskraft bespricht anschließend mit ihrer eigenen Führungskraft die komplette To-Do-Liste, in der ihre eigenen Aufgaben und alle Aufgaben ihrer Mitarbeiter, d.h. die erledigten und die unerledigten Aufgaben zusammengefasst sind.

Häufig wird die To-Do-Liste mit einer Ampelmarkierung optisch unterstützt: (Grün erledigt, Gelb zeitkritisch, Rot nicht erledigt.)

Gelegentlich lassen sich die Vorgesetzten nur die nicht erledigten Aufgaben vorlegen.

Zu einem festgelegten Termin, (z.B. jeden ersten Freitag im Monat,) müssen alle To-Do-Listen bei der Geschäftsführung vorgelegt werden.

# To-Do-Liste (Beispiel)

Datum: 25.03.21.   Termin der nächsten Sitzung: 25.04.21

Verteiler:

- Helmut Maier
- Udo Schmitz
- Gustav Ganz
- Johannes Bond

| Vorhaben | Prio-rität | verant-wortl. | Termin | erl. |
|---|---|---|---|---|
| Projektbericht schreiben | C | | 16.08.21 | |
| Schulung Kundenorientie-rung organisieren | A | | | ? |
| Messepräsentation vorbereiten | B | | | ✓ |
| Kunden Weber besuchen | A | | | |
| Vorstand Mächtig informieren | C | | | |
| Frau Meier zum Jubiläum gratulieren | A | | | ✓ |
| Neuromarketingstrategie einführen | A | | | |
| | | | | |
| | | | | |

© Cartoon
Erik Liebermann

**Die Konzentration auf das Wichtige bringt den Erfolg**

**Denkzettel: To-Do-Liste**

- **Arbeiten Sie nicht mehr, sondern effektiver**
- **Ihre Prioritätenplanung bestimmen Ihren Erfolg**
- **Wenn Sie Ihre A-Aufgaben erledigen, sind Sie erfolgreich**
- **Ihren langfristigen Erfolg gestalten Sie durch das Erledigen Ihrer A3 Aufgaben**

# Verbesserungsvorschläge (BVW, KVP, VVW)

## Nutzen Sie das Know-how Ihrer Mitarbeiter

Die folgenden Überlegungen sind zwar bei der Moderation von Workshops zur Verbesserung des betrieblichen Vorschlagswesens entstanden, viel davon können Sie aber auch verwenden, um die Bereitschaft Ihrer Mitarbeiter, mitzudenken, sich einzubringen und ihr Know-how zur Verfügung zu stellen, zu entwickeln.

Die wesentliche Ressource für die Wertschöpfung in einem Unternehmen ist das Know-how seiner Mitarbeiter. Nutzen Sie jedes verfügbare Wissen!

Viele Unternehmen haben ein – meist mit dem Betriebsrat vereinbartes – „Betriebliches Vorschlagswesen" (BVW) oder einen „Kontinuierlichen Verbesserungsprozess" (KVP) oder auch ein „Verbesserungsvorschlagswesen" (VVW). Der Erfolg dieser Vereinbarungen hängt in der Regel wesentlich von deren Ausgestaltung ab. In der Folge finden Sie eine Zusammenstellung von Komponenten des BVW aus verschiedenen Unternehmen, aus denen Sie die für Ihre Situation geeigneten auswählen können.

Folgende Gedanken können Sie bei Ihren Überlegungen berücksichtigen:

- Die Bearbeitung von Verbesserungsvorschlägen (VV) sollte möglichst schnell und unbürokratisch geschehen; z.B. 10 Tage maximale Bearbeitungszeit. (Wenn der VV nach 10 Tagen nicht abgelehnt ist, bekommt der Mitarbeiter die Prämie.)

- Auch Verbesserungsvorschläge aus dem eigenen Aufgabengebiet sollten prämiert werden. Das Unternehmen verdient auch daran ein Vielfaches.

- Beim Einreichen und Bewerten sollte der Vorgesetzte des Vorschlagenden außenvor bleiben. Er erlebt den VV seines Mitarbeiters u.U. oft als eigenes Versagen und mauert.

- Der Vorgesetzte kann die Prämie (bis z.B. € 500,00) direkt ausbezahlen.

- Ein Mitglied der Geschäftsführung zahlt die Prämie persönlich direkt am Arbeitsplatz aus.

- Jeder Vorgesetzte muss im Rahmen seiner Zielvereinbarung eine bestimmte Anzahl von VV von seinen Mitarbeitern erreichen.

- Der Vorgesetzte bekommt für jeden VV seiner Mitarbeiter ebenfalls eine Prämie.

- Alle Mitarbeiter, die einen VV eingebracht haben, werden von der Geschäftsführung zum Essen eingeladen.

- Unter den Vorgesetzten wird ein Wettbewerb in Bezug auf die VV ihrer Mitarbeiter organisiert.

- Der Mitarbeiter erklärt seinen VV vor der Geschäftsführung.

- Zu einer definierten Zeit (z.B. Freitag von 08. -.09.00 Uhr) steht ein Bewertungsgremium zur Verfügung, das den VV sofort bewertet.

- Jeder VV wird mit einer Prämie belohnt (unabhängig von der Umsetzung). (Der Gruppendruck sorgt schon dafür, dass keine unsinnigen VV kommen.)

- Der Mitarbeiter bekommt die Kompetenz und die Mittel, um seinen VV selbst umzusetzen.

- Ideelle Anerkennung ist oft wirkungsvoller als materielle Anerkennung

## Ergebnis

Wenn Sie es schaffen, in Ihrem Verantwortungsbereich eine Atmosphäre zu schaffen, in der das Mitdenken und Mitwirken der Mitarbeiter erkennbar gewollt ist und belohnt wird - wobei eine Ideelle Anerkennung häufig wirkungsvoller ist, wie eine materielle Anerkennung – dann sind die Mitarbeiter bereit, ihr gesamtes Wissen, ihre Erfahrung, ihre Ideen, ihr Know-how und ihr Engagement einzubringen.

© Cartoon
Erik Liebermann

## Beachten Sie <u>alle</u> Verbesserungsvorschläge Ihrer Mitarbeiter

### Denkzettel: Verbesserungsvorschläge

- **Mitdenken der Mitarbeiter bringt Verbesserungen**
- **Verzichten Sie bei Verbesserungsvorschlägen auf Bürokratie**
- **Lassen Sie so viel Neues wie möglich zu**
- **Pflegen Sie die Neugier Ihrer Mitarbeiter**
- **Bieten Sie Ihren Mitarbeitern immer neue Herausforderungen**
- **Job Rotation schafft Innovationen**
- **Neugier macht erfinderisch**
- **Dummheit ist es, verfügbares Wissen nicht nutzen**

# Zielvereinbarung

## Vereinbaren Sie Ziele, die auch umgesetzt werden

Tragfähige Vereinbarungen können nur Menschen treffen, die sich gleichwertig fühlen. Wenn in einer Hierarchie eine Führungskraft einen Vorschlag macht und der Mitarbeiter erklärt sich damit einverstanden, so ist das keine Vereinbarung, sondern eine Anordnung.

Nur wenn der Mitarbeiter einen Vorschlag macht und die Führungskraft ist einverstanden, ergibt das eine belastbare Vereinbarung.

Eine weitere grundsätzliche Überlegung aus der Kommunikationstheorie ist: Es ist nicht entscheidend, was der Sender (die Führungskraft) sagt – entscheidend ist, was beim Empfänger (dem Mitarbeiter) ankommt. Die Aufgabenstellung formuliert immer der Mitarbeiter, nur so kann die Führungskraft kontrollieren, ob der Mitarbeiter die Aufgabe so verstanden hat, wie sie gemeint war.

In der Praxis sieht das so aus: Die Führungskraft schildert die Situation, die zu bewältigen ist und der Mitarbeiter formuliert die Aufgabenstellung, die dann von der Führungskraft bestätigt wird. Die Führungskraft hat natürlich die Möglichkeit, die Aufgabenstellung so zu korrigieren, dass sie Ihren Vorstellungen entspricht. Bedenken Sie dabei auch, wenn der Mitarbeiter eine eigene Idee umsetzt, ist er wesentlich motivierter, als wenn er eine Idee seiner Führungskraft umsetzt.

Um unmissverständlich zu sein muss jede Aufgabenstellung folgende 5 Komponenten enthalten:

## Der Mitarbeiter muss die Aufgabe akzeptieren.

Akzeptanz ist die wichtigste Komponente. Wenn der Mitarbeiter die Aufgabe akzeptiert, kümmert er sich um fehlende Informationen selbstständig. Es gibt zwei Möglichkeiten die Akzeptanz zu erreichen:

- Der Vorgesetzte schildert das Problem und der Mitarbeiter macht einen Vorschlag für die Lösung. Der geeignetste Vorschlag wird vereinbart.

- Der Vorgesetzte erläutert den Sinn der Aufgabe Und/oder die Zusammenhänge bzw. die Einordnung der Aufgaben in die Unternehmensziele.

**Das erwartete Ergebnis muss genau definiert sein.**

- Nur das Ergebnis darf vorgegeben werden. Wird auch der Lösungsweg beschrieben oder vorgeschlagen, denkt der Mitarbeiter nicht mehr mit, und der Vorgesetzte übernimmt zusätzlich die Handlungsverantwortung.

**Die Machbarkeit der Aufgaben muss geklärt sein.**

Nur der Mitarbeiter kann wissen, ob er mit dieser Aufgabe überfordert oder überlastet ist.

- Der Vorgesetzte fragt den Mitarbeiter, wie er unter den gegebenen Umständen und in welcher Zeit er die Arbeitsaufgabe erledigen kann.

Unterforderung reduziert die Qualität der Arbeit.
(Die meisten Fehler passieren in der Routine)
Überforderung reduziert die Quantität der Arbeit.

**Ein Termin definiert die Dringlichkeit.**

Hier sind keine Prioritätenangaben (eilig, sofort, als erstes, usw.) zulässig, da sie einen Eingriff in die Handlungsverantwortung des Mitarbeiters bedeuten, und darüber hinaus der Vorgesetzte die Verantwortung, für die nicht erledigten Aufgaben übernimmt.

**Die Priorität definiert die Wichtigkeit.**

Über die Gründe bzw. die Darstellung der Konsequenzen macht der Vorgesetzte dem Mitarbeiter klar, wie wichtig die Aufgabe ist.

Wenn Sie Wichtigkeit und Dringlichkeit nicht trennen, kann der Mitarbeiter, wenn er nicht alle Aufgaben erledigen kann, nicht entscheiden, welche Aufgabe er liegen lässt.

Die Priorität wird häufig in A,B,C angegeben und die Dringlichkeit mir 1,2,3. So können Sie mit A1 bis C3 alle Aufgaben qualifizieren.

**Dringlichkeit** →

| | 1 | 2 | 3 |
|---|---|---|---|
| **A** | Sofort erledigen<br><br>✓<br><br>A1 | Planen<br><br>SZ<br><br>A2 | Konsequent planen<br><br>SZ + MS<br><br>A3 |
| **B** | Delegieren mit sofortiger Kontrolle<br><br>D + K<br><br>B1 | Delegieren mit geplanter Kontrolle<br><br>D + KZ<br><br>B2 | Delegieren mit konsequent geplanter Kontrolle<br><br>D + KZ + MS<br><br>B3 |
| **C** | Übertragen in die Eigenverantwortung<br><br>übertragen<br><br>C1 | Ist eine wichtigere Aufgabe zu erledigen?<br><br>?<br><br>C2 | Ist die Aufgabe notwendig?<br><br>??<br><br>C3 |

**Wichtigkeit** ↓

SZ =Sperrzeit     MS = Meilenstein     KZ = Kontaktzeit

(siehe S. 157)

© Cartoon
Erik Liebermann

**Konkrete Arbeitsziele vereinbaren**

## Denkzettel: Zielvereinbarung

- **Das Arbeitsziel formuliert immer der Mitarbeiter**
- **Der Vorschlag für jede Vereinbarung macht der Mitarbeiter**
- **Die Mitarbeiter sind so gut wie Ihre Ziele**
- **Herausfordernde Ziele sichern die Zukunft des Mitarbeiters**
- **Ziele orientieren die Wahrnehmung und die Energie**
- **Herausfordernde Ziele erreichen macht glücklich**
- **Vordenken verhindert Nachdenken**

# Weiteres Buch des Autors

## Denkzettel
für Ihre
## Lebensqualität

Hier finden Sie Aufsätze zu den Themen:

Fitness im Alter
Ausstrahlung gestalten
Authentizität gestalten
Beziehungen gestalten
Charakterstärke
Denken
Erfahrung
Erfolgsanalyse
Feedbacksicherheit
Freunde und Gesundheit
Frustrationstoleranz
Generativität
Gespräche und Persönlich-
keitsentwicklung
Gesunder Urlaub
Gewissheiten
Glücklich sein
Höflichkeit
Intuition
Konflikt

Kontaktfähigkeit
Nein sagen
Persönlichkeit: Konsequen-
zen
Persönlichkeit
Positive Grundeinstellung
Prioritäten und Erfolg
Resilienz
Salutogenese
Selbstvertrauen ausstrahlen
Selbstverwirklichung
Selbstwertgefühl -Minder-
wertgefühle
Sinnorientierung
Spiegelneuronen
Stressstabilität und Gesund-
heit
Verhandeln
Wahrnehmung
Work-Balance